VEGETARISCH
Das Kochbuch

Für **Violette** und **Timothée**

Clémence Catz

VEGETARISCH
Das Kochbuch

Know-how, Basics und Außergewöhnliches

Styling: Delphine Brunet

Fotos: Éric Fénot

Aus dem Französischen von Regine Schmidt

HANS-NIETSCH-VERLAG

INHALT

Wissenswertes, Küchentipps & Gerichte – von Klassisch bis Außergewöhnlich

Anhang

Einführung

NEUN FRAGEN AN DIE AUTORIN

Was ist gemeint mit „Know-how“ und „Basics“ der vegetarischen Küche?

Die vegetarische Küche ist spielerisch und einfallsreich; sie bietet originelle Varianten zu den großen Klassikern (vegane Béchamelsauce und Mayonnaise, veganer Käse …) und Küchentechniken wie z. B. das Keimen oder Fermentieren. Wenn Sie Fleisch weglassen, essen Sie mehr Getreide und Hülsenfrüchte, um den Proteinbedarf zu decken. Sie verwerten möglichst alles, um nichts zu vergeuden, und verwenden am besten nur regionale und saisonale Lebensmittel. Außerdem werden Sie bislang vielleicht unbekannte Zutaten, wie Nussmuse, Algen oder Seitan, entdecken und neue Grundrezepte kennenlernen (Getreidebratlinge, pflanzliche Brotaufstriche u. v. m.).

Warum bereiten Vegetarier so viele Basisprodukte selbst zu? Weil sie schwer zu beschaffen sind?

Die meisten Zutaten der vegetarischen Ernährung bekommt man problemlos im Bioladen oder Reformhaus. Wenn Vegetarier ihre Basisprodukte gern selbst herstellen, dann vor allem, damit sie es selbst in der Hand haben, was auf ihren Teller kommt: biologische und/oder fair gehandelte Lebensmittel aus regionaler Herkunft und von hoher Qualität … Eine hausgemachte Mandelmilch ist nicht zu vergleichen mit einer gekauften, selbst in Bio-Qualität, und man kann sicher sein, dass nur genau zwei Zutaten darin enthalten sind: Mandeln und Wasser.

Macht es nicht einfach auch Spaß, seine Basics selbst herzustellen?

Sprossen zu ziehen, Kefir herzustellen oder Früchte zu trocknen hat etwas Spielerisches, das selbst Kindern viel Freude macht – es scheint ja ein bisschen wie Zauberei. Außerdem ist es sehr befriedigend, wenn man verkünden kann, beispielsweise die Mandelmilch oder das frische Mehl selbst hergestellt zu haben. Aber das Wichtigste scheint mir, dass man beim Selbstmachen die Rezepte ganz nach Lust und Laune, je nach Jahreszeit und nicht zuletzt nach dem Inhalt des Vorrats- und des Kühlschranks abwandeln kann.

Ist es nicht kompliziert oder umständlich, alles selbst zuzubereiten?

Die vegetarische Küche ist sehr einfach, insbesondere weil sie sich bemüht, nur wenige Zutaten pro Rezept zu verwenden. Man muss nur den Dreh raus haben! Für einen Getreidebratling oder Veggie-Burger etwa braucht man nur die Zutaten zu vermischen, zu binden und den Burger in der Pfanne zu braten.

Ist hausgemacht auch kostengünstig?

Es ist immer preiswerter, ein Grundprodukt selbst zu verarbeiten. Je nach Zutat ist der Sparvorteil größer oder kleiner: Bei Sprossen, Joghurt oder Kefir macht es einen deutlichen Unterschied. Ebenso sinnvoll ist es, Erdbeeren und Himbeeren selbst zu trocknen, da getrocknete Beeren im Handel sehr teuer sind. Für einige Basisprodukte muss man allerdings viel Zeit investieren: Um z. B. weißes Mandelmus herzustellen, müssen Mandeln eingeweicht, geschält und lang püriert werden, mit Ruhezeiten dazwischen. Und bis Dörrobst fertig ist, trocknet es viele Stunden im Dörrautomaten. Wie wichtig Ihnen der Preisvorteil im Verhältnis zum Zeitaufwand ist, müssen Sie also selbst abwägen.

Lohnt sich die Anschaffung von Hightech-Küchengeräten?

Wenn Sie es sich leisten können, investieren Sie am besten in einen Entsafter und einen guten Mixer – beides ist außerordentlich hilfreich. Ein Dörrautomat hingegen lässt sich ohne Weiteres durch den Backofen ersetzen: Auch hierin lässt sich Obst bei knapp über 40 °C (niedrigster Temperatur im Backofen) trocknen. Die alltäglichen „kleinen Küchenhelfer" (elektrische Kaffeemühle, Gemüsehobel) sind nicht sehr teuer und rentieren sich schnell. Diese sollten Sie sich als Erstes zulegen.

Gibt es Küchentechniken, ohne die Sie gar nicht mehr auskommen?

Alles, was nur wenig Zeit braucht und bares Geld spart, möchte ich in meinem Alltag nicht mehr missen: Gomasio, Sprossen und Seidentofu bereite ich selbst zu. Samen röste ich immer, bevor ich sie verwende. Auf meiner Spüle steht häufig eine Schale mit frischen Algen zum Entsalzen und meine ätherischen Öle sind stets griffbereit. Aber was mir am meisten am Herzen liegt, ist das Know-how, wie man ein Lebensmittel durch ein anderes ersetzt, z. B. die Butter im veganen Gebäck oder die Eier in einer veganen Mayonnaise. Nichts macht so viel Spaß, wie ein klassisches Rezept abzuwandeln, um daraus ein Gericht zu zaubern, das lecker schmeckt und mit gesundheitlichen Vorzügen punkten kann!

Welche Zutaten gehören dazu?

Wenn Sie einmal auf den Geschmack gekommen sind, wollen Sie auf vegane Milch, Nuss- und Mandelmus und diverse Getreidemehle nicht mehr verzichten. Legen Sie sich außerdem einen Vorrat an Getreide, Nüssen, Kernen (Mandeln, Cashewkerne, Pistazien), Ölsaaten und ätherischen Ölen an. Und kaufen Sie Ihr Obst und Gemüse der Saison entsprechend ein!

Welche Küchenhelfer verwenden Sie am häufigsten?

Meine elektrische Kaffeemühle, die ich als Getreidemühle zweckentfremde! Mit ihr mahle ich Mehle, stelle ich Gomasio oder die unentbehrliche Leinsamenpaste her (siehe Seite 243). Mein Mixer wird auch sehr beansprucht, ebenso meine gusseiserne Minipfanne, die zum Kurzrösten immer auf dem Herd stehen bleibt. Fast täglich setze ich meinen Gemüsehobel ein, um Rohkostchips oder Gemüsetagliatelle zu zaubern. Entsafter und Dörrautomaten benutze ich nicht so häufig, obwohl es wirklich praktische Geräte sind.

Um besonders leckere, gesunde und aromatische Speisen zuzubereiten, sollten Sie all Ihre Zutaten frisch, saisonal, aus regionalem Anbau und in Bio-Qualität einkaufen!

DAS KNOW-HOW

Küchenhelfer im Einsatz

Der Entsafter
EIN (FAST-) ALLESKÖNNER

Zwar ist er nicht gerade billig, dennoch ist der Entsafter das Lieblingsgerät der Rohkost-Freunde. Er kann tatsächlich noch viel mehr als nur Saft produzieren!

Viele halten seinem Lockruf monate-, ja sogar jahrelang stand, bis sie ihm schließlich erliegen. Dann thront das erstaunliche Gerät meist auf der Arbeitsfläche, um jederzeit für die Zubereitung von Obst- und Gemüsesäften, Nussbutter oder Babybreien eingesetzt werden zu können. Schon bald erweist sich der Entsafter als wahrer Verbündeter im Alltag, zumal er einfach im Gebrauch ist, robust und viel leichter zu pflegen, als man glaubt.

WAS IST EIN ENTSAFTER?

Ein moderner Entsafter ist ein Gerät, das mithilfe von – mechanischem oder manuellem – Druck bei niedriger Drehzahl den Saft aus Obst und Gemüse presst, etwa wie bei einer Zitruspresse. Im Gegensatz zu einem Mixer, der die Früchte zerhackt und Schale, Fruchtfleisch und Pflanzenfasern (manchmal auch die Kerne) zusammen in Püree verwandelt, trennt der Entsafter das Fruchtfleisch vom Saft. Dadurch kann unser Organismus die wertvollen Nähr- und Vitalstoffe von frischem Obst und Gemüse direkt aufnehmen, ohne dabei durch zu viele Ballaststoffe behindert zu werden.

Ein moderner Presswalzen-Entsafter schont das Pressgut und liefert Säfte von ausgezeichneter Qualität, die 3- bis 4-mal so viele Nähr- und Vitalstoffe enthalten wie die aus einem klassischen Zentrifugal-Entsafter. Durch dessen hohe Drehzahl kommt es zur Erhitzung und Oxidation, was einen enormen Verlust von Vitalstoffen zur Folge hat. Zudem ist sein Filter viel umständlicher zu reinigen. Ein weiterer Pluspunkt des Presswalzen-Entsafters: Er kann auch das härteste rohe Gemüse (Karotte, Kürbis) zerkleinern und selbst faserige Sorten (Stangensellerie, Blattgemüse, Wildkräuter) verarbeiten. Auch Getreidegrassaft (der Renner für die Detox-Kur; siehe Kasten, Seite 13 rechts) oder Saft aus Sprossen (den Sie am besten mit milderen Säften mischen) lassen sich problemlos herstellen. Je nach Geschmack und Jahreszeit können Sie nach Herzenslust kombinieren – damit erhalten Sie eine Vielfalt an Geschmacksrichtungen und Vital-

CLOSE
OPEN

stoffmischungen. Die Säfte sind nicht nur lecker, sondern auch noch ausgesprochen gesund!

UND WIE FUNKTIONIERT DIESES GERÄT?

Die Bedienung des Entsafters ist ganz einfach: Man wäscht das Obst und Gemüse, schneidet größere Exemplare in Stücke (Schälen ist nicht nötig, außer bei Knoblauch, Zitrusfrüchten, Kiwis, Melonen und Zwiebeln) und gibt diese in den Einfülltrichter. Das Pressgut wird je nach Gerät von ein oder zwei Presswalzen (aus Metall oder Kunststoff) eingezogen und dann zerdrückt. Der Saft wird anschließend durch ein sehr feines Sieb gepresst, bevor er in den Saftbehälter läuft. Man braucht ihn nur noch in ein Glas umzufüllen! Die Pressrückstände, der sogenannte Trester, landen in einem Extrabehälter. Diese Rückstände sind in der Regel trocken und ziemlich geschmacksneutral, doch wenn Sie wollen, können Sie sie noch als Zutat in Cookies oder vegetarischen Bällchen verwenden.

Die Reinigung des Entsafters ist ganz einfach, da er nur aus wenigen Teilen besteht: Diese taucht man in Spülwasser, trocknet sie ab und setzt sie wieder ein; das Sieb bürstet man kurz ab, um hartnäckige Fasern zu entfernen. Wenn Sie nichts antrocknen lassen und sich gleich nach der Benutzung darum kümmern, sind Sie in 3 Minuten fertig.

Da ein Entsafter schwer und ziemlich voluminös ist (etwa so groß wie eine kleine Nähmaschine), empfehle ich Ihnen, ihn immer auf der Arbeitsfläche stehen zu lassen, damit Sie ihn jederzeit einsetzen können.

WAS DER ENTSAFTER NOCH ALLES KANN

Ein Entsafter kann mehr als nur Saft zubereiten: Die meisten Modelle bieten auch eine Zerkleinerungsfunktion an (man tauscht lediglich den Siebeinsatz gegen einen Püriereinsatz aus), mit dem man Nussmuse, vegane Butter, Gemüseaufstrich, Hummus, Guacamole, Babynahrung, Express-Eis aus Zucker und tiefgefrorenen Früchten und sogar frische Nudeln oder Mehl selbst herstellen kann. Diese Möglichkeiten bieten Zentrifugal-Entsafter und auch die meisten Mixer nicht, da sie nicht robust genug sind. Das ist doch ein guter Grund für eine etwas größere Investition – die meisten Presswalzen-Entsafter sind nämlich leider nicht ganz preiswert.

WELCHES GERÄT IST DAS RICHTIGE?

Gute Entsafter bekommt man nicht im Supermarkt, man findet sie manchmal in Naturkostläden und natürlich auf Fachmessen. Den besten Überblick bekommen Sie aber auf den Websites der Anbieter, die mitunter auch mit preisreduzierten Angeboten locken. Jedes Jahr werden neue Modelle vorgestellt, mittlerweile auch vertikale Entsafter wie etwa der *Omega Juicers VSJ843* oder der *SlowStar* von *Tribest* oder Handentsafter wie der *Z-Star* von *Tribest* (ideal bei nicht so häufiger Verwendung oder fürs kleine Budget). Informieren Sie sich am besten im Internet – dort können Sie in Ruhe vergleichen und das passende Modell für Ihre speziellen Bedürfnisse finden (siehe auch Bezugsquellen, Seite 252).

EIN PAAR SAFTIGE IDEEN ...

Der Vitaminreiche:
Honigmelone und Alfalfa-Sprossen

Der Energiespender:
Apfel, Karotte und Ingwer

Der Detox-Spezialist:
Apfel, Zitrone und Weizengras

Der Erfrischende:
Gurke, Melisse und spritziges Mineralwasser

Schnelles Himbeereis

Für 2 Personen

1 große Banane • 125 g Himbeeren • 1 TL Agavendicksaft • 1 EL weißes Mandelmus

Am Vortag die in dünne Scheiben geschnittene Banane und die Himbeeren in einem Gefrierbeutel ins Gefrierfach geben. Zunächst den Entsafter mit dem Püriereinsatz bestücken, dann die noch gefrorenen Früchte einfüllen und verarbeiten (oder einfach im Mixer pürieren). Anschließend mit Agavendicksaft und weißem Mandelmus verrühren. Sofort servieren!

Detox mit Weizengras – blutreinigend und belebend

Eine Kur mit Weizengrassaft ist ein ausgezeichnetes Mittel, um Vitalstoffe wie Mineralstoffe, Vitamine und vor allem Chlorophyll zu tanken. Dieser Pflanzenfarbstoff regt die Blutbildung an und entgiftet die Leber. Aus den Weizenkeimen sprießt in wenigen Tagen das chlorophyllhaltige Weizengras, das nach etwa 10 bis 12 Tagen geerntet werden kann. Im Entsafter können Sie daraus Ihren Saft zubereiten.

Trinken Sie 3 Wochen lang jeden Morgen auf nüchternen Magen 30 bis 50 Milliliter (da der Geschmack sehr intensiv ist, mischen Sie ruhig etwas Apfel- oder Karottensaft dazu). Um diese Ausbeute zu erzielen, müssen Sie 30 bis 40 Gramm Samen zum Keimen bringen. Die wohltuende Wirkung wird Ihnen insbesondere bei jedem Jahreszeitenwechsel zugutekommen, bei Verdauungsproblemen oder einfach, wenn Sie einmal eine Extraportion Energie brauchen.

Hinweis: Bei der Einführung des Begriffs „Vitalstoffe" (1935) verstand man darunter Vitamine, Mineralstoffe, Spurenelemente sowie essenzielle Aminosäuren und ungesättigte Fettsäuren. Später rechnete man auch noch die Ballaststoffe und sekundäre Pflanzenstoffe dazu. In diesem Buch sind all diese Inhaltsstoffe unter „Vitalstoffe" zusammengefasst – im Unterschied zu den Makronährstoffen Fett, Eiweiß und Kohlenhydraten.

Sonnenblumen-Paprika-Aufstrich

Für 1 große Schale

80 g Sonnenblumenkerne • 50 g Cashewkerne • 1 kleine rote Paprika • 1 EL weißes Mandelmus • Saft von 1/2 Zitrone • 2 TL gemahlener Kreuzkümmel • Salz, Pfeffer

1 Am Vorabend die Sonnenblumen- und Cashewkerne in reichlich Wasser einweichen.

2 Am Tag selbst die Kerne abspülen und abtropfen lassen. Die Paprika waschen, von Kernen und weißen Teilen befreien. Alles zusammen in den Entsafter (mit Püriereinsatz) füllen. Cremig pürieren.

3 Mit weißem Mandelmus, Zitronensaft und Kreuzkümmel mischen. Salzen, pfeffern und mindestens 3 Stunden im Kühlschrank ruhen lassen.

Als Dip zum Aperitif ist dieser frische, leichte Aufstrich ein wahrer Augen- und Gaumenschmaus!

Der Dörrautomat

FÜR DIE EXTRA-PORTION VITALSTOFFE

Der Dörrautomat gehört zu den wichtigsten Helfern in der Bio-Küche: Mit seiner Hilfe steht Ihnen zu jeder Jahreszeit leckeres Obst und Gemüse zur Verfügung, das Sie in allen möglichen Gerichten – ob süß oder herzhaft – verarbeiten können. Und wenn Sie abenteuerlustig sind und etwas Neues wagen wollen, können Sie sich auch ruhig einmal ans rohköstliche Kochen und Backen heranwagen ...

WAS IST EIN DÖRRAUTOMAT?

Ein Dörrautomat ist ein elektrisches Gerät, das warme Luft in übereinandergestapelte, mit Obst- und Gemüsescheiben belegte Trockengitter bläst. Wenn das Wasser entzogen ist, hält sich das Dörrgut monatelang unverändert, ohne dass es Nähr- und Vitalstoffe verliert. Es gibt Dörrautomaten mit verschiedener Leistungsfähigkeit, mit mehr oder weniger, mit runden oder eckigen Trockengittern, als Stapel- oder Einschubsystem (siehe Bezugsquellen, Seite 252). Je nachdem unterscheiden sich die Anschaffungskosten erheblich und reichen von „erschwinglich" bis (bei Profimodellen) „sehr kostspielig". Wenn Sie täglich getrocknetes Obst und Gemüse naschen oder verarbeiten, rentiert sich die Anschaffung jedoch schnell – vor allem bei hochwertigen Lebensmitteln wie roten Beeren oder Pilzen, die getrocknet im Handel wirklich teuer sind.

Auf jeden Fall sollten Sie sich für den Dörrautomaten auch spezielle Dörrfolien zulegen (siehe Bezugsquellen, Seite 252): Sie sind wiederverwendbar und antihaftbeschichtet und ersparen Ihnen langwierige Reinigungsarbeiten. Natürlich können Sie stattdessen auch Backpapier verwenden; allerdings ist das weniger ökologisch. Falls Ihr Dörrautomat die warme Luft nach oben oder unten bläst, müssen Sie unbedingt darauf achten, dass die Luft trotzdem gut zirkulieren kann – möglicherweise müssen die Folien in Stücke geschnitten werden. Diese Vorsichtsmaßnahme ist dagegen unnötig, wenn die Luft seitlich eingeblasen wird.

WARUM WIRD BEI NIEDRIGER TEMPERATUR GETROCKNET?

Für Rohköstler gilt ein Lebensmittel als roh, solange es nicht über 42 °C erhitzt wird. Bei höheren Temperaturen werden die Enzyme zerstört, die alle biochemischen Vorgänge – von der Verdauung bis zur Zellerneuerung – in unserem Organismus ermöglichen und damit für unsere Gesundheit verantwortlich sind. Weniger strenge Rohköstler halten auch 48 °C für gerade noch vertretbar, denn erst darüber sind auch die Vitamine, Mineralstoffe und Fettsäuren an der Reihe. Deshalb lehnen Anhänger der rohköstlichen Lebensweise Kochen und Backen ab und plädieren stattdessen für eine langsame Trocknung bei niedriger Temperatur, wie es der Dörrautomat mit einer Thermostat-einstellung erlaubt. Ob Sie dabei die 42 °C oder 48 °C nicht überschreiten wollen, bleibt natürlich Ihnen überlassen.

Wenn Sie Trockenobst und -gemüse fertig kaufen, müssen Sie unbedingt auf Rohkost-Qualität achten, denn selbst Produkte in Bio-Qualität werden oft bei 70 °C getrocknet – ganz zu schweigen von den Pestiziden und chemischen Zusatzstoffen bei konventionellen Lebensmitteln. Es ist viel gesünder und auch sparsamer, sich frisches Bio-Obst zu besorgen und selbst zu dörren! Vielleicht können Sie sogar Früchte aus eigener Ernte verarbeiten oder wenigstens preisreduzierte Produkte am Ende des Markttags erstehen. Wählen Sie stets reifes Obst und Gemüse der Saison – auch getrocknet wird es noch aromatischer schmecken!

UND WIE LANG DAUERT DAS?

Die Dörrzeit variiert nach Temperatur, dem verwendeten Gerät und der Größe der Obst- bzw. Gemüsescheiben, die gedörrt werden sollen. Als Faustregel gilt: Je mehr Wasser eine Frucht oder ein Gemüse enthält und je dicker das Stück ist, desto länger dauert es. Schneiden Sie Ihr Obst und Gemüse in kleine Stücke oder dünne Scheiben und achten Sie darauf, dass sie keinesfalls übereinanderliegen. So halten Sie die Trocknungszeit und damit Ihren Stromverbrauch in Grenzen, denn manche Lebensmittel brauchen mitunter mehrere Tage, um richtig zu trocknen! Zum Glück verbraucht ein Dörrautomat nicht sehr viel Energie (siehe unten). Dennoch sollten Sie Ihr Dörrgerät nur einschalten, wenn alle Dörrgitter komplett belegt sind – daher ist es von Vorteil, sich für ein Gerät mit mehreren Einschüben zu entscheiden.

Berechnung der Stromkosten Ihres Dörrautomaten: **Leistung des Geräts (Kilowatt) x Preis für die Kilowattstunde x Trocknungszeit in Stunden**

Als Anhaltspunkt: Rechnen Sie mit etwa 10 Stunden Trockenzeit für Apfelviertel (etwas mehr für ein knuspriges Ergebnis), etwa 15 Stunden für Tomatenhälften, 5 bis 6 Stunden für kleine Pilze, 10 Stunden für Erdbeeren und rund 20 Stunden für Trauben. Gewürzkräuter brauchen 3 bis 4 Stunden. Für Fruchtleder (aus pürierten Früchten, dünn ausgestrichen) rechnen Sie mit etwa 10 Stunden bei niedriger Temperatur.

Möchten Sie Ihrem Trockenobst und -gemüse später wieder Feuchtigkeit zuführen, bedecken Sie das Dörrgut in einem Behälter mit frischem Wasser (oder lauwarmem Tee) und lassen Sie es zugedeckt ein paar Stunden oder über Nacht einweichen. Sie können es aber auch direkt beim Kochen verarbeiten: getrocknete Karotten in einer Suppe oder Brühe, Pilze in einem Risotto, Feigen oder Rosinen in Apfelkompott ... Beachten Sie aber, dass sich manches Dörrgut dafür besser eignet als anderes: Pilze ja, Bananen nein!

EIN PAAR ROHKÖSTLICHE IDEEN

Das fertige Trockenobst und -gemüse bewahren Sie in luft- und feuchtigkeitsdichten Gläsern auf. Dann kann es einfach so als gesunder, energiereicher Snack genascht werden oder in Ihre gewohnten Speisen wandern. **Ein paar Vorschläge:** Vanillekuchen mit Pistazien und getrockneten Erdbeeren; Cookies mit getrockneten Feigen und Walnüssen; Risotto mit getrockneten Pilzen; Pasta mit getrockneten Tomaten und Zucchini; Müsli mit Haferflocken, Banane und getrockneten Preiselbeeren; exotischer Obstsalat aus frischen und getrockneten Früchten. Bedenken Sie aber: Wenn Sie in den Genuss all ihrer guten Eigenschaften kommen wollen, dürfen Sie die Trockenfrüchte nicht mitkochen!

Genussfreudige Rohköstler haben zudem zahlreiche Rezepte erfunden, die nur aus getrockneten Lebensmitteln bestehen. Beim „Gebäck“ stehen Brownies und süße oder salzige „Biscrus“ (knusprige Kekse bzw. Cracker) hoch im Kurs, bestehend aus Nüssen, Ölsaaten und Trockenobst; einigen dient noch Leinsamenpaste als Bindemittel (siehe Seite 243). Sie können sich natürlich auch an die Zubereitung von Brötchen aus gekeimtem Korn (die berühmten Essener Brötchen), rohköstliche Pizza oder, schlicht und einfach, Gemüsechips wagen. Und was die Desserts betrifft: Sie brauchen überhaupt nicht gesüßt zu werden – Trockenfrüchte sind schon süß genug!

Erdbeer-Ingwer-Fruchtleder

Für 15 Schnecken

250 g Erdbeeren • 40 g heller Rohrohrzucker • 1 gehäufter TL frischer Ingwer, fein gerieben • 1 EL Zitronensaft

Die Erdbeeren waschen und entstielen. Zusammen mit Zucker, Ingwer und Zitronensaft im Mixer verarbeiten. Das Fruchtpüree mit einem Spatel gleichmäßig auf 1 oder 2 mit Dörrfolie (oder Backpapier) ausgelegten Trockengittern verstreichen. Im Dörrautomaten etwa 10 Stunden bei 42 °C (höchstens bei 48 °C) trocknen. Einige Stunden ruhen lassen, bis die Fruchtplatten geschmeidig sind; sie sollten dann eine ledrige Konsistenz haben. Von der Folie abziehen, in Streifen schneiden und zu Schnecken rollen. Als gesunde Nascherei einfach so essen oder vor dem Einrollen noch bestreichen, z. B. mit Quark, Mandelmus ... Hält sich 3 Monate.

Gut zu wissen: Für die Herstellung von Fruchtleder eignen sich am besten rote Beeren, Quitten, Äpfel, Birnen und Kiwis.

Im Backofen trocknen

Sie brauchen nicht unbedingt ein Dörrgerät, um Dörrobst oder Rohkostchips herzustellen, Sie können Ihr Obst und Gemüse auch in Ihrem Backofen auf niedrigster Stufe (bei 42 bis 48 °C) trocknen.

Legen Sie in diesem Fall Ihre Obst- und Gemüsescheiben auf einen Gitterrost, damit die Luft zirkulieren kann und das Dörrgut auch von unten trocknet. Zusätzlich sollten Sie die Backofentür mit einem eingeklemmten Holzlöffel einen Spalt offen halten. Das Trocknen dauert (außer bei einem Umluftofen) länger als bei einem Dörrautomaten. Im Sommer können Sie auch die Sonnenwärme zum Trocknen nutzen!

Essener Brötchen aus Einkorn mit Banane

Für 6 Brötchen

200 g Einkorn • 2 EL Leinsamen • 80 g getrocknete Bananen, in Stücke gebrochen • 1–4 EL Wasser

1 Einkorn abspülen und etwa 3 Tage keimen lassen, bis der weiße Keimling erscheint (siehe Seite 48 ff.), dann erneut gut durchspülen.

2 Den Leinsamen fein mahlen, mit Bananen, dem gekeimten Getreide und 1 Esslöffel Wasser vermengen.

3 Im Mixer zu einer stückigen Paste pürieren. Nach Bedarf 2 bis 3 Esslöffel Wasser dazugeben. Flache, kleine Fladen formen, auf das Trockengitter des Dörrautomaten setzen und 12 bis 24 Stunden trocknen lassen. Halten sich im Kühlschrank 8 Tage.

Da Essener Brot aus Keimlingen hergestellt wird, hat es einen unvergleichlich hohen Vitamingehalt. Die in Zucker verwandelte Stärke verleiht dem Brot ein angenehm süßes Aroma.

Die elektrische Kaffeemühle

EINE ALTERNATIVE ZUM HOCHLEISTUNGSMIXER

Eine elektrische Kaffeemühle kostet nicht viel und ist äußerst praktisch, denn sie kann für haushaltsübliche Mengen die Aufgaben eines – deutlich teureren – Hochleistungsmixers (oder einer Getreidemühle) übernehmen. Alle möglichen Kleinigkeiten lassen sich damit selbst mahlen, sodass man nach Bedarf stets frische Mehle zur Verfügung hat.

Ein einfacher Mixer zerkleinert zwar verschiedenste Lebensmittel, aber normalerweise zermahlt er das Mixgut nicht zu Pulver. Um Gomasio, Mandel- oder Getreidemehl herzustellen reicht aber eine Kaffeemühle und die ist schon für den kleinen Geldbeutel erschwinglich. Natürlich können Sie sich auch für einen deutlich teureren Standmixer wie den *Personal Blender* von *Tribest* entscheiden oder für den *Starmixer* aus den USA, den *Vitamix* [siehe Bezugsquellen, Seite 252]. Die Handhabung der Kaffeemühle ist jedoch kinderleicht: Wenn Sie mögen, rösten Sie die Körner vorab, damit sie ihren köstlichen Duft entfalten, und mahlen sie dann zu feinem Mehl. Das frische Mehl können Sie direkt weiterverarbeiten. Es gibt verschiedene Zutaten, die sich zu Pulver vermahlen lassen:

FRISCH GEMAHLENE MEHLE

Getreide [oder Hülsenfrüchte] selbst frisch zu mahlen bietet viele Vorteile: Das gewonnene Mehl schmeckt nicht nur intensiver, sondern verfügt auch über einen höheren Vitalstoffgehalt als industriell hergestelltes Vollkornmehl. Letzteres muss zwar ungefähr das gleiche Verhältnis von Kleie, Keim und Mehlkörper aufweisen wie das ursprüngliche Korn, allerdings wird das folgendermaßen gewährleistet: Die äußerste Schicht der mineral- und ballaststoffreichen Kleie wird entfernt, dann wird der Vitamin-B-reiche Keim entnommen und erst am Ende des Mahlvorgangs wieder zugesetzt. Aufbereitungsverfahren, die für lange Haltbarkeit sorgen, zerstören außerdem Vitalstoffe. Ihr frisch gemahlenes Vollkornmehl hingegen stellt

Ihnen alle wertvollen Vitalstoffe des vollen Korns zur Verfügung! Außerdem können Sie außergewöhnliche Mehle herstellen wie Linsen-, Gersten- oder Ackerbohnenmehl. Mahlen Sie immer nur die Menge, die Sie gerade brauchen. Sie sollten das frische Mehl nicht länger als ein paar Tage (möglichst im Kühlschrank) aufbewahren, damit es nicht ranzig wird bzw. sein Vitalstoffgehalt nicht allzu sehr sinkt.

NUSS- UND MANDELMEHLE

Süßes Gebäck schmeckt einfach besser mit etwas Mandel- oder Nussmehl. Anstatt es fertig zu kaufen, mahlen Sie Nüsse und Mandeln doch einfach selbst: Sie werden überrascht sein, wie groß der geschmackliche Unterschied ist, vor allem, wenn Sie die Kerne vorher kurz rösten. Auch der Geldbeutel freut sich: Ungeschälte Mandeln sind nur etwa halb so teuer wie dieselbe Menge Mandelmehl! Wenn Ihre Mühle nicht alle Mandel- oder Nusskerne „erwischt", können Sie sie vor dem Mahlen grob zerstoßen oder kurz in den Mixer geben.

MEHLE AUS ÖLSAATEN (SONNENBLUMENKERNE, LEIN- UND SESAMSAMEN U. V. M.)

Ölsaaten mahlt man meist, um hausgemachtes Gomasio herzustellen – dafür müssen Sie Sesamsamen fein zerreiben (siehe Seite 132). Aber man kann auch einen Rohkostsalat oder einen Auflauf damit bestreuen oder Paniermehl daraus machen (beispielsweise für glasierten Sesam-Tofu). Sesamsamen sind – noch mehr als Leinsamen oder Sonnenblumenkerne – besonders reich an Mineralstoffen, Vitaminen und ungesättigten Fettsäuren, die allerdings von unserem Organismus nur aufgenommen werden können, wenn die äußere Hülle des Samens aufgebrochen wurde. Schon Ihr Frühstück können Sie anreichern, indem Sie, wie bei der berühmten Budwig-Creme*, Quark (gern auch veganen) mit Zitronensaft, Leinöl, frischem Obst und geschroteten Lein- und Sesamsamen mischen.

Schneller veganer Parmesan

100 Gramm Mandeln (möglichst geschält) mit 2 gestrichenen Esslöffeln gemälzten Hefeflocken (siehe Bezugsquellen, Seite 252) und 1 guten Prise Salz fein pürieren.

Gut zu wissen: Auch aus Sprossen kann man Mehl herstellen! Man braucht die ausgewählten Samen (Getreide oder Hülsenfrüchte) nur ein paar Tage lang keimen zu lassen, dann bei niedriger Temperatur (im Backofen oder in einem Dörrautomaten) zu trocknen, bevor man sie mahlt. Leichter als die klassischen Mehle und etwas süßlich schmeckend, können Sie sich damit ganz einfach mit einer Extraportion Vitalstoffe versorgen.

* Die Apothekerin und Biochemikerin Johanna Budwig (1908–2003) entwickelte eine spezielle Diät auf der Grundlage einer gesundheitsfördernden Öl-Eiweiß-Kost, deren wichtigster Bestandteil eine nach ihr benannte Creme aus Quark und Leinöl ist.

Coffee Cake mit frisch gemahlenem Buchweizen

Für 6 Personen

100 g Buchweizen • 150 g Weizenmehl Type 550 • 140 g Rohrohrzucker • 1/2 Päckchen Weinsteinbackpulver • 100 g Butter • 80 g weißes Mandelmus • 3 Eier • 50 ml Espresso (oder 50 ml heißes Wasser + 3 gestrichene TL löslicher Kaffee)

1 Den Backofen auf 180 °C (Umluft: 150 °C) vorheizen. Den Buchweizen in einer Pfanne ohne Öl unter gleichmäßigem Rühren 3 bis 4 Minuten goldbraun rösten.

2 Buchweizen fein mahlen. Anschließend mit dem Weizenmehl, dem Rohrohrzucker und dem Backpulver vermischen.

3 Die Butter bei geringer Hitze zerlassen, das weiße Mandelmus dazugeben und gut verrühren.

3

4 In die Mehlmischung gießen, Eier und Espresso dazugeben und alles zu einem glatten Teig verrühren. Den Teig in eine große gefettete und bemehlte Kastenform füllen und 40 bis 45 Minuten backen. Eine Garprobe machen: Mit einem Holzstäbchen in die Mitte des Kuchens hineinstechen, klebt nach dem Herausziehen kein Teig mehr daran, ist der Kuchen gar. Vor dem Stürzen in der Form auskühlen lassen.

Buchweizenmehl verleiht Süßspeisen ein leichtes Haselnuss- und Kakaoaroma.

Der Gemüsehobel

UNGLAUBLICH VIELSEITIG

Die vegetarische Küche kann kreativ, bunt und besonders appetitanregend sein, vor allem, wenn man sie richtig in Szene zu setzen weiß ... Mit einem hochwertigen Gemüsehobel, einer sogenannten Mandoline, kann man Obst und Gemüse erstaunliche Formen verpassen – so wird sogar eine Handvoll dampfgegarter Zucchini zu einem echten Hingucker!

WAS IST EIN GEMÜSEHOBEL?

Ein Gemüsehobel ist ein praktischer Küchenhelfer, mit dem man Obst und Gemüse in Scheiben schneiden oder raspeln kann, in ganz unterschiedlichen Formen und Schnittstärken, und zwar äußerst präzise. Für einfache Schnitte reichen schlichte kleine Gemüsehobel aus Kunststoff. Es gibt aber auch wahre Profigeräte, manuell oder elektrisch betrieben, die mit mehreren Klingensätzen ausgestattet sind und teilweise Schnittstärken bis 1 Zentimeter erlauben. Solch ein „Hightech"-Gemüsehobel kann sehr kostspielig sein, aber man findet im Handel ohne Weiteres auch kleine Geräte mit mehreren Klingensätzen, die für jeden erschwinglich sind.

Doch *Achtung*: Ein Gemüsehobel ist ein gefährliches Werkzeug. Kaufen Sie am besten ein Modell, das mit Fingerschutz oder Schutzschlitten (mit Schieber) ausgestattet ist; das gewährleistet maximale Sicherheit und zugleich gute Bedienbarkeit. Die Pflege ist ganz einfach: Das Gerät (das in der Regel leicht zu zerlegen ist) nach Gebrauch einfach mit reichlich Wasser ausspülen. Geben Sie dabei unbedingt auf die scharfen Klingen acht! Viele Modelle sind auch für die Spülmaschine geeignet. Vorsichtshalber sollten Sie regelmäßig den festen Sitz aller Schrauben und Muttern an Ihrem Gemüsehobel überprüfen.

UND WOFÜR VERWENDE ICH IHN?

Nehmen Sie Ihren Gemüsehobel nur zum Schneiden von Gemüse mit festem Fleisch. Tomaten und Auberginen eignen sich nicht dafür, weil sie damit eher zerdrückt werden.

Deshalb sollten Sie auch nur rohe Zutaten schneiden, die Sie, wenn überhaupt, anschließend kochen. Denken Sie daran: Je kleiner und feiner die Stücke, desto schneller sind sie gar. Auch manches Obst, z. B. Äpfel, können Sie mit dem Gemüsehobel schneiden, aber keines mit zu weichem Fruchtfleisch.

Mithilfe der verschiedenen Klingen können Sie viele verschiedene Schnittformen herstellen:

- **Stäbchen** z. B. aus Karotten oder Gurken, serviert mit verschiedenen Dips, passen hervorragend zum Aperitif. Probieren Sie ruhig auch einmal Gemüsesorten, die selten roh verzehrt werden, aber überraschend lecker sind wie Kürbis, Zucchini, Rote Bete.
- **Würfel** (Zwiebeln, Kartoffeln) sind besonders praktisch für hübsche Pfannengerichte. Gewürfeltes Obst mit festem Fruchtfleisch (Äpfel, Quitten) eignet sich gut für einen Crumble oder eine Tarte.
- **Feine Streifen** z. B. aus Karotte oder Zucchini ergeben hübsche bunte Gemüse-„Tagliatelle". Gemischt mit echten Tagliatelle machen sie Pasta-Gerichte viel interessanter. Dank des Hobels lässt sich auch die Garzeit von Gemüse reduzieren: Bei geringer Hitze mit wenig Wasser im geschlossenen Topf reichen 2 bis 3 Minuten. Besitzen Sie keinen Gemüsehobel, können Sie „Tagliatelle" auch mit einem Sparschäler schneiden.
- **Juliennestreifen** harmonieren gut mit Getreidebratlingen: Kurz in einer Pfanne anbraten, bevor Sie sie in die Masse geben (siehe Seite 140 ff.). Für fruchtige Pfannkuchen eignen sich Juliennestreifen aus Obst mit festem Fruchtfleisch.

Und denken Sie daran: Das Auge isst mit! Nicht nur Kinder freuen sich über einen hübsch angerichteten Teller – und Ihnen wird es Spaß machen, sich immer wieder neue Formen und Muster einfallen zu lassen, um Gemüse noch attraktiver anzurichten.

Kartoffel-Zucchini-Rösti

Für 8 kleine Bratlinge

400 g festkochende Kartoffeln • 300 g Zucchini • 100 g geriebener Käse (z. B. Comté oder Emmentaler) • 3 EL Weizenmehl Type 550 • Salz, Pfeffer • etwas Olivenöl

Kartoffeln schälen, Zucchini waschen und beides in Juliennestreifen schneiden. Mit Käse und Mehl vermengen, mit Salz und Pfeffer abschmecken. Mit angefeuchteten Händen kleine Teigbällchen formen, etwas flach drücken und in einer Pfanne in heißem Olivenöl bei mittlerer Hitze 4 bis 5 Minuten anbraten. Sobald die Rösti goldbraun sind, wenden und noch einmal einige Minuten braten.

Wintergemüse-Chips aus dem Ofen

Für 1 große Schüssel

2 Pastinaken • 1 Rote Bete • 1 große Süßkartoffel • 1 EL Olivenöl • 1/2 TL Quatre-épices (oder Panch Phoron) • 1 TL Fleur de sel

❶ Den Backofen auf 120 °C (Umluft: 100 °C) vorheizen. Das Gemüse schälen.

❷ Mit dem Gemüsehobel Pastinaken, Rote Bete und Süßkartoffel in sehr dünne Scheiben schneiden. In einer Schüssel die Gemüsescheiben vorsichtig mit Öl und Gewürzen vermengen.

❸ Nebeneinander auf ein mit Backpapier ausgelegtes Backblech legen und etwa 1 1/2 Stunden backen, bis die Chips sich von selbst ablösen. Zwischendurch 1- oder 2-mal die Backofentür einen Spaltbreit öffnen, damit die Feuchtigkeit entweichen kann. 20 Minuten abkühlen lassen, mit Fleur de sel bestreuen und sofort servieren.

Variante: Falls Sie einen Dörrautomaten besitzen, verteilen Sie die Chips auf den Einschüben und lassen Sie sie etwa 2 Stunden trocknen.

Tipp: Mit hausgemachten Gemüsechips, die fett- und salzärmer sind als die aus dem Supermarkt, können Sie sogar einen Gemüsekasper für Pastinaken, Rübchen, Rote Bete, Hokkaido-Kürbis u. v. m. begeistern.

Die kleine Pfanne
FÜR EIN PERFEKTES RÖSTAROMA

Mandeln oder Sonnenblumenkerne zu rösten ist ein Kinderspiel ... und bringt die Aromen beim Kochen erst richtig zur Geltung!

Jahrelang habe ich mich damit begnügt, Körner direkt aus dem Glas zu knabbern, ohne darüber nachzudenken ... Dann habe ich gesehen, wie ein Freund die Ölsaaten vorher stets röstete, habe probiert und ... nun esse ich sie nur noch geröstet! Man denkt ja, das sei ein weiterer zeitraubender Schritt bei der Essenszubereitung. Aber tatsächlich macht man das ganz einfach nebenbei, z. B. wenn die Suppe gerade auf dem Herd steht.

WAS BEDEUTET „RÖSTEN“ EIGENTLICH?

Rösten heißt, Lebensmittel einer direkten Hitzequelle auszusetzen, in einer zylinderförmigen Röstmaschine mit einer Trommel, die mit Gas, Strom oder Holz beheizt wird. Damit das Röstgut gleichmäßig geröstet wird, ohne zu verbrennen, muss die Trommel ständig rotieren. Bekannt ist vor allem das Rösten von Kaffee- oder Kakaobohnen, das dauert etwa 30 Minuten bei 180 °C.

UND WOZU RÖSTEN?

Beim Rösten geht es darum, ein kräftigeres Aroma zu erzeugen, also den Eigengeschmack von Getreide, Kernen oder Ölsaaten deutlicher hervortreten zu lassen und zusätzlich durch die Röstnote zu verfeinern. Außerdem lassen sich nach dem Rösten Kakaobohnen oder Haselnüsse leichter schälen: Man braucht sie nur noch zwischen den Händen zu reiben, dann lässt sich die braune Haut einfach entfernen.

WAS KANN GERÖSTET WERDEN?

Fast alle Getreide, Kerne und Ölsaaten: Mandeln, Haselnüsse und Pinienkerne verströmen dabei einen besonders köstlichen Duft. Ähnlich auch Kürbiskerne, die dabei aufplatzen, wie „gepufft“ aussehen und damit erstaunlich knusprig werden.

Auch Sesam eignet sich hervorragend zum Rösten. So wird er auch zur Zubereitung

von Gomasio verwendet wird (siehe Seite 132 ff.). Wenn Sie ungekochten Buchweizen rösten, zu frischem Mehl zermahlen oder zu einem köstlichen Soba-Cha aufbrühen (siehe Rezept Seite 37) bringen Sie dessen dezentes Kakaoaroma zur Geltung. Rösten Sie Ihren Buchweizen immer selbst, statt bereits gerösteten (den man „Kascha" nennt) zu kaufen! Dann profitieren Sie vom vollen Aroma der frisch gerösteten Körner. Wenn Sie Hirse vor dem Garen rösten, behalten die Körner ihre Form, statt zu einem matschigen Brei zu zerkochen. Natürlich können Sie auch Ihre Gewürzsamen (z. B. Kreuzkümmel, Koriander) kurz rösten – damit intensivieren Sie deren Aroma deutlich und Ihre Speisen duften und schmecken noch köstlicher!

Hinweis: Der Einfachheit halber wird im Folgenden der Begriff „Samen" verwendet – unabhängig davon, ob es sich im botanischen Sinne um Nüsse, Steinfrüchte (Mandeln, Pistazien), Hülsenfrüchte (Erdnüsse), Getreide, Pseudogetreide (Quinoa, Amarant) oder Ölsaaten (Leinsamen, Kürbiskerne) handelt.

UND WIE FUNKTIONIERT DAS?

Keine Sorge: Sie brauchen sich keinen richtigen Kaffeeröster anzuschaffen! Für das Rösten in der heimischen Küche gibt es zwei Methoden: in der Pfanne oder im Backofen. Puristen bevorzugen den Backofen, weil man darin das Röstgut von allen Seiten gleichmäßig(er) der Hitze aussetzt. Für die paar Minuten Röstzeit müssen Sie aber den Ofen extra vorheizen: nicht sehr ökologisch! Nutzen Sie lieber die Resthitze, z. B. nachdem Sie einen Kuchen gebacken haben. Oder wählen Sie gleich die zweite, schnellere Variante: nicht einmal 1 Minute in der (am besten gusseisernen) Pfanne. Geben Sie auf keinen Fall Fett dazu und rühren Sie regelmäßig um, damit die Körner von allen Seiten gleichmäßig erhitzt werden. Passen Sie gut auf! Sie sollen goldbraun werden und einen angenehmen Duft verströmen. Sobald es schwarz wird und verbrannt riecht, ist Ihr Röstgut ungenießbar und enthält keine wertvollen Vitalstoffe mehr!

HINWEISE ZUR HALTBARKEIT

In einem luftdicht verschlossenen Behälter halten sich geröstete Samen ein paar Tage (am besten im Kühlschrank). Aber ich rate Ihnen, sie nicht länger als 1 Woche aufzubewahren, da sie leicht ranzig werden. Ich selbst habe auf einer Herdplatte ständig ein eisernes Pfännchen, das ausschließlich zum Rösten dient und das ich nicht einmal spüle (Auswischen genügt). Rösten Sie Ihre Samen also am besten nur nach Bedarf, dann sind sie immer frisch und aromatisch!

HINWEISE ZUR VERWENDUNG

Streuen Sie einfach einmal 1 Handvoll geröstete Sesamsamen, Kürbis- oder Sonnenblumenkerne über Ihren Salat oder geben Sie etwas gerösteten Blaumohn in Ihren Crêpe-Teig oder Obstsalat. Haselnüsse, Mandeln oder Buchweizen sollten Sie immer rösten, bevor Sie sie für Ihre Kuchen mahlen. Der absolute Hit sind geröstete Cashewkerne oder Paranüsse, die Sie gesalzen und gewürzt zum Aperitif reichen.

Schneller Nuss-Mandel-Crunchy

Für 1 kleine Tasse

30 g Haselnüsse • 30 g Mandeln •
40 g Rohrohrzucker

Haselnüsse und Mandeln rösten, bis sie zu bräunen beginnen. Haselnüsse zwischen den Händen reiben, damit sich ihre Haut ablöst. Nüsse und Mandeln mit dem Rohrohrzucker im Mixer grob oder fein (je nach Verwendung) zerkleinern.

Tipp: Als Topping für einen Joghurt oder Fruchtsalat oder als Grundlage für Streusel oder einen Obstkuchenteig verwenden.

Soba-Cha (japanischer Buchweizentee)

Für 1 große Tasse

1 Teelöffel Buchweizen goldbraun rösten, anschließend 4 bis 10 Minuten (nach Geschmack) in 200 Millilitern heißem Wasser (idealerweise 95 °C) ziehen lassen.

Kalte Variante: 3 Teelöffel Buchweizen rösten und in 1½ Litern Wasser 1 Stunde im Kühlschrank ziehen lassen. Den Saft von ½ Zitrone dazugeben und gut gekühlt servieren.

Hinweis: Soba-Cha ist ein japanisches Teegetränk, das für seinen hohen Gehalt an Vitaminen und Mineralstoffen bekannt ist. Es enthält kein Koffein und kann daher zu jeder Tageszeit getrunken werden.

Gibt es Nachteile durchs Rösten?

Natürlich verändert eine lange Röstzeit bei hohen Temperaturen (wie beim Kakao) das Lebensmittel stark. Das ist schade, denn insbesondere Ölsaaten sind wichtige Lieferanten für ungesättigte Fettsäuren und Mineralstoffe: Kakao in Rohkostqualität enthält beispielsweise weit mehr Magnesium als jedes andere Lebensmittel und 7-mal mehr Antioxidantien als geröstete Kakaobohnen. Um wenigstens einen Teil der besonders empfindlichen Fettsäuren nicht zu zerstören, sollte eine Rösttemperatur von 80 °C nicht überschritten werden.

DIE BASICS
Selbst gemacht

Hülsenfrüchte ZUBEREITEN

Hülsenfrüchte stecken voller gesunder Inhaltsstoffe, und wenn Sie sich vegetarisch ernähren, sind sie geradezu unentbehrlich. Einziger Wermutstropfen: Sie haben eine sehr lange Garzeit. Nicht so praktisch im Alltag, aber mit ein wenig Vorbereitung und ein paar kleinen Tricks kann man sich das Kochen erleichtern ...

Hülsenfrüchte haben viele gesundheitliche Vorzüge und sollten auf unserem Speiseplan nicht fehlen, ebenso wie Gemüse und Getreide. Kombiniert mit Letzterem – im Verhältnis 1 Drittel Hülsenfrüchte zu 2 Dritteln Getreide – kommen die berühmten 8 essenziellen Aminosäuren zusammen, die von unserem Organismus nicht selbst gebildet werden können und die wir daher mit der Nahrung aufnehmen müssen.

Diese Kombination, die sich übrigens in vielen traditionellen Gerichten aus Indien (Reis mit Linsen), Nordafrika (Kichererbsen und Weizengrieß) und Mexiko (Mais und Kidneybohnen) findet, sorgt dafür, dass wir mehr Proteine (und weniger Fette) aufnehmen als mit derselben Menge Fleisch.

Hülsenfrüchte haben außerdem einen niedrigen glykämischen Index (was sich insbesondere bei Diabetes und Übergewicht positiv auswirkt) und sind reich an Ballaststoffen, die frühzeitig ein Sättigungsgefühl herbeiführen und die Verdauung fördern. Der Nachteil von Hülsenfrüchten ist ihre lange Kochzeit, die mehrere Stunden sein kann. Zum Glück gibt es ganz simple Methoden, diese zu verkürzen, ohne die Bekömmlichkeit der Hülsenfrüchte zu beeinträchtigen (denn ohne richtige Vorbereitung könnten die Ballaststoffe im Darm gären).

DIE HÜLSENFRÜCHTE EINWEICHEN ...

Am besten weicht man Hülsenfrüchte ein, um die Phytinsäure auszuschwemmen, einen Antinährstoff, der in den äußeren Randschichten vorkommt und in unserem Organismus die Aufnahme von Nährstoffen wie Kalzium, Eisen, Magnesium und Zink hemmt. Das Einweichen lässt die Hülsenfrüchte außerdem quellen und verkürzt damit die Kochzeit.

Das Prinzip ist einfach: Weichen Sie über Nacht (etwa 8 bis 12 Stunden) 1 Teil Hülsenfrüchte in 4 Teilen Wasser ein (am besten zugedeckt in den Kühlschrank stellen). Dann abgießen und gut spülen, wodurch ein Teil der Stärke entfernt wird. Wenn Sie Zeit dazu

haben, lassen Sie die Hülsenfrüchte anschließend 24 bis 72 Stunden keimen, das erhöht ihren Nährwert deutlich. Dabei 2- bis 3-mal abspülen. Sobald der Keimling erscheint, sind sie bereit zum Kochen. Wenn Sie noch ein Weilchen warten, können Sie sie sogar roh essen! (Siehe Seite 48 ff.)

Sie können die Hülsenfrüchte auch im Schnellverfahren einweichen, indem Sie sie 2 Minuten in Wasser aufkochen, vom Herd nehmen, 1 Stunde zugedeckt ruhen lassen, dann abspülen und kochen. Bei dieser Methode nehmen die Hülsenfrüchte in 1 Stunde so viel Wasser auf wie in 15 Stunden in kaltem Wasser – allerdings sind sie dann nicht ganz so bekömmlich.

... UND ANSCHLIESSEND KOCHEN

Zum Kochen geben Sie die abgespülten (und eventuell eingeweichten) Hülsenfrüchte in einen Topf, bedecken sie großzügig mit Wasser und lassen sie zugedeckt bei geringer Hitze so lange köcheln, wie auf der Verpackung (oder in der Tabelle auf der rechten Seite) angegeben. Wenn sie sich mit der Gabel leicht zerdrücken lassen, sind sie gar. 1 Tasse (200 Gramm) trockene Hülsenfrüchte ergibt nach Einweichen und Garen 500 bis 750 Gramm gekochte Hülsenfrüchte.

Wenn Sie etwas frische oder getrocknete Algen (Kombu oder Wakame) ins Kochwasser geben, reduzieren Sie die Garzeit, machen die Hülsenfrüchte zarter und bekömmlicher und erhöhen sogar noch den Gehalt an Mineralstoffen und Spurenelementen, und zwar ohne ihren Geschmack zu beeinträchtigen. Rechnen Sie 1 Esslöffel Algenflocken (oder 1 Algenstück, 5 Zentimeter lang) pro Tasse trockene Hülsenfrüchte. Zwiebeln, Knoblauch sowie manche aromatischen Kräuter und Gewürze (Kreuzkümmel, Salbei, Lorbeer) sind ebenfalls gute Verdauungshelfer und können zu Beginn der Garzeit dazugegeben werden.

Natürlich können Sie Hülsenfrüchte auch in einem Schnellkochtopf kochen, was die Garzeit erheblich verkürzt, allerdings werden durch die Hitze noch mehr Vitamine zerstört.

HINWEISE ZUR VERWENDUNG

Gekochte Hülsenfrüchte halten sich in einem luftdichten Behälter im Kühlschrank 1 Woche. Bereiten Sie also ruhig größere Mengen zu, essen Sie sie am ersten Tag warm, an den darauffolgenden Tagen als Vorspeise, Salat oder Pastete, danach vielleicht in einer Suppe oder als Brotaufstrich! Im Gefrierfach können Sie sie 6 Monate lang aufbewahren.

Tipps, wie Sie Hülsenfrüchte bekömmlicher machen: Steigern Sie die Mengen peu à peu, damit sich Ihr Verdauungssystem langsam an die höhere Ballaststoffzufuhr gewöhnt; kauen Sie gründlich; vermeiden Sie Zucker bei derselben Mahlzeit, denn er begünstigt die Gärung der Ballaststoffe im Darm. Ohne Bedenken können Sie Hülsenfrüchte auch länger kochen, zu Suppe oder Eintopf.

Übrigens: Je dünner die Schale von Linsen und Erbsen ist, desto leichter verdaulich sind die Hülsenfrüchte.

Hülsenfrüchte können Sie auch in Form von Mehl oder Flocken verwenden, damit geht das Kochen noch schneller. Genießen Sie z. B. Knabbergebäck aus Linsenmehl, Velouté aus grünem Gemüse mit Erbsenflocken, Béchamelsauce aus Kichererbsenmehl, Bällchen aus Trockenfrüchten mit Adzukibohnenflocken.

Hülsenfrüchte	Einweichen	Kochzeit
Adzukibohnen	ja	30–45 Minuten
Bohnen, weiße	ja	1½ Stunden
Erbsen, grüne	beliebig	1 Stunde
Kichererbsen	ja	2 Stunden
Kidneybohnen	ja	1½ Stunden
Linsen, grüne	beliebig	30–45 Minuten
Mungbohnen	ja	30–45 Minuten
Sojabohnen, gelbe	ja	1 Stunde
Zwergbohnen (Flageolet)	ja	1½ Stunden

Graupen-Mungbohnen-Salat mit Orange

Für 4 Personen

100 g Mungbohnen • 150 g Perlgraupen • 1 Orange • 1 TL Zitronensaft • 1 TL Tamari • 1 Knoblauchzehe, gepresst • 2 TL Rapsöl • 1 gehäufter EL Koriander, fein gehackt

Die Mungbohnen über Nacht einweichen und abspülen. In reichlich siedendem Wasser 25 Minuten kochen, abgießen. Perlgraupen kochen wie auf der Verpackung angegeben. Die Orange filetieren, in kleine Stücke schneiden, dabei den Saft auffangen. Rapsöl mit Zitronen- und Orangensaft, Tamari und Knoblauch verrühren. Graupen und Mungbohnen mit den Orangenstücken, dem Dressing und dem Koriander vermengen.

Rote-Linsen-Velouté mit Karotten & Kokos

Für 3 bis 4 Personen

1 Zwiebel • 1 EL Olivenöl • 400 g Karotten • 150 g rote Linsen • 1 TL Kurkumapulver • 1 l Gemüsebrühe • 100 ml Kokosmilch • Salz, Pfeffer

Die Zwiebel schälen, in feine Würfel schneiden und in Olivenöl glasig dünsten. Karotten waschen, in Scheiben schneiden und dazugeben. 2 bis 3 Minuten dünsten. Abgespülte und abgetropfte Linsen, Kurkuma und Gemüsebrühe dazugeben. Zum Kochen bringen und 10 bis 15 Minuten bei geringer Hitze köcheln lassen, bis die Karotten weich sind. Zusammen mit der Kokosmilch in den Mixer geben (nach Bedarf noch etwas Wasser dazugießen). Mit Salz und Pfeffer abschmecken und heiß servieren.

Gut zu wissen: Durch das Vitamin C aus der Orange kann unser Körper das Eisen der Mungbohnen besser aufnehmen.

Adzukibohnen-Schoko-Quadrate

Für 25 kleine Quadrate

70 g Adzukibohnen • 1 Stück Kombu-Alge (etwa 5 cm) • 200 g Zartbitterschokolade • 2 TL Agavendicksaft • 1 knapper TL naturreiner Vanilleextrakt

1 Die Adzukibohnen waschen und über Nacht einweichen. Dann gut abspülen und mit der Kombu-Alge in reichlich Wasser 30 Minuten kochen. Abgießen und die Alge herausnehmen.

2 Die Zartbitterschokolade im Wasserbad schmelzen.

3 Die geschmolzene Schokolade zusammen mit den Bohnen, dem Agavendicksaft und dem Vanilleextrakt pürieren.

4 Die Masse zwischen zwei Lagen Backpapier etwa 1 Zentimeter dick verstreichen. Mindestens 1 Stunde kühl stellen, dann in kleine Quadrate mit 3 bis 4 Zentimetern Seitenlänge schneiden. Die Schokoquadrate sind im Kühlschrank 4 Tage haltbar.

Durch die Adzukibohnen werden diese Schoko-
quadrate zu einer äußerst proteinreichen Leckerei.

Sprossen ZIEHEN

Wer hat als Kind nicht versucht, Linsen auf Watte keimen zu lassen? Es macht ja einfach Spaß, diesem kleinen Wunder zuzusehen: Wie aus den Samen – fast ohne unser Zutun – Keimlinge wachsen, bevor diese dann unsere vitaminhaltigen, knackig bunten Salate bereichern ...

Gekeimte Samen bieten durch ihre hohe Vitalstoffdichte enorme gesundheitliche Vorzüge: Heutzutage werden die meisten Lebensmittel industriell verändert und bearbeitet. Da verheißt es auf fast magische Weise Hoffnung und Gesundheit, wenn man beobachten kann, wie ein Keimling wächst und sich durch Wasser, Luft und Licht in einen hübschen zartgrünen Spross* verwandelt. Übrigens wurden schon in der Antike, bei den Ägyptern und Chinesen, Sprossen gezogen, um ihr außergewöhnlich geschmackvolles und energiespendendes Potenzial zu nutzen. In diesem kleinen Kraftpaket sind alle Nährstoffe konzentriert, die das Pflänzchen zum weiteren Wachstum braucht.

Im Bioladen (oder im Supermarkt) gibt es (im Kühlregal) abgepackte verzehrfertige Keime und Sprossen. Doch wenn Sie nur 1 bis 2 Minuten pro Tag opfern, um auf dem Fenstersims oder in einer Ecke Ihrer Arbeitsfläche Sprossen selbst zu ziehen, haben Sie jederzeit frische Sprossen zur Hand, mit denen Sie jeden Tag einen Salat oder ein Sandwich aufpeppen können.

DAS KEIMGUT AUSWÄHLEN

Zu den bekanntesten Sprossen zählen Mungbohnen- und Sojabohnenkeimlinge. Letztere finden sich z. B. in Frühlingsrollen, aber auch in vielen anderen Gerichten der asiatischen Küche. Keimfähige Samen gibt es aber noch viele andere: Getreide, Hülsenfrüchte, Ölsaaten und Samen von Gemüsepflanzen. Jede Sorte besitzt ihren ganz eigenen Geschmack und eine andere Kon-sistenz – aber sie unterscheiden sich auch in ihrer gesundheitsfördernden Wirkung!

Achtung: Manche Samen sind nicht essbar. Das gilt für Pflanzen mit giftigen Grün-

* Wie im üblichen Sprachgebrauch wird auch in diesem Buch zwischen „Keim" oder „Keimling" und „Sprosse" nicht unterschieden. Auch nach der ersten Blattbildung (am 7. bis 12. Tag) lässt sich noch von „Sprossen" sprechen (man könnte es auch „Mikrogrün" nennen). Die Blättchen sind reich an Chlorophyll, das Entzündungen hemmt und sich positiv auf die Blutbildung und unser Säure-Basen-Gleichgewicht auswirkt.

teilen, die niemals roh gegessen werden dürfen, wie z. B. Tomate, Aubergine, Paprika oder Rhabarber, aber genauso für die gelbe Sojabohne. Am besten kaufen Sie Samen aus biologischem Anbau, die weder vor noch nach der Ernte chemisch behandelt wurden, nicht beschädigt und als „keimfähiges" Saatgut gekennzeichnet sind. Sie bekommen es in Ihrem Bioladen oder Reformhaus oder bei spezialisierten Online-Händlern (siehe Bezugsquellen, Seite 252). Lagern Sie es kühl (am besten bei 13 bis 18 °C), trocken und dunkel, am besten in der Originalverpackung. Natürlich können Sie auch Ihren Vorratsschrank plündern und Hirse, Kichererbsen, Buchweizen oder Quinoa keimen lassen, (frische, nicht geröstete) Kürbiskerne oder Senfkörner nehmen oder sich an Mandeln versuchen ... Probieren Sie ruhig Ihre eigenen Mischungen aus, sofern die zusammengestellten Samen eine ähnlich lange Keimzeit haben mit höchstens 1 bis 2 Tagen Unterschied.

DIE SAMEN EINWEICHEN ...

Beim Einweichen, eine Art Vorkeimen, dringt Wasser durch die Samenschale ins Innere des Samens, der darin befindliche Keim saugt sich mit Wasser voll, quillt und sprengt den Samen auf. Zugleich wird ein chemischer Prozess ausgelöst: Phytotoxine und Antinährstoffe (z. B. Phytinsäure) in der Samenschale, die dem Samen als Fraßschutz dienen, unserem Organismus aber schaden, werden abgebaut. Diese Phase dauert, je nach Art des Saatguts, meist etwa 4 bis 24 Stunden. Dauert sie länger als 1 Tag, dann spülen Sie die Samen täglich durch, um diese Stoffe auszuwaschen. Verwenden Sie vorzugsweise handwarmes, schwach mineralisiertes Wasser. Wenn Sie Leitungswasser nehmen, lassen Sie es zuvor 48 Stunden stehen, damit sich das Chlor abbaut. Zum Schluss gießen Sie das Einweichwasser ab und spülen die Samen unter fließendem Wasser (am besten in einem Sieb) gründlich durch.

... UND KEIMEN LASSEN

Die Samen brauchen Luft, Licht und Wärme, um sich zu entwickeln. Damit die Keimlinge genug Platz zum Wachsen haben, sollten Sie Ihr Keimgefäß also nicht zu dicht befüllen. Stellen Sie das Saatgut nun 1 bis 2 Tage ins Dunkle, um die natürlichen Bedingungen in der Erde zu simulieren, und anschließend in einen hellen Raum mit einer Temperatur von 20 bis 25 °C, jedoch ohne direkte Sonneneinstrahlung (nur Dunkelkeimer brauchen auch nach den ersten beiden Tagen überhaupt kein Licht; siehe Tabelle rechte Seite). 2- bis 3-mal täglich (vor allem im Sommer) spülen Sie Ihr Keimgut durch und lassen es immer gut abtropfen. Es soll feucht, aber nicht nass sein, damit es nicht schimmelt.

Der Keimling wird spätestens nach ein paar Tagen sichtbar. Aus manchen Samen löst sich dann eine dünne Samenhülle, die leicht verdirbt und keinen Nährwert hat: Wenn Sie Ihre Sprossen in eine Schüssel mit reichlich Wasser geben, steigen die Hüllen an die Oberfläche und lassen sich einfach abschöpfen. Nach einem letzten gründlichen Spülgang können Sie Ihre Sprossen nun direkt essen oder weiterverwenden.

Wenn Sie – bei manchen Gemüsesorten und aromatischen Kräutern – noch ein paar Tage warten, werden die Sprossen nicht nur länger (bis 5 Zentimeter), sondern es wachsen ihnen auch zwei grüne Keimblättchen: Damit kommen Ihnen auch die Detox-Eigenschaften des Chlorophylls zugute. Warten Sie aber nicht länger, denn die Keimlinge laugen aus und werden ungenießbar.

Ich empfehle Ihnen, alle 1 bis 2 Tage eine kleine Menge eingeweichte Samen verschiedener Sorten in getrennten Behältern anzusetzen, sodass Sie stets frische Sprossen zur Verfügung haben. Die Keimdauer ist meist auf der Verpackung angegeben, normalerweise reicht 1 Nacht für kleine Samenkörner und 2 Nächte für große, bis der Keimling sichtbar wird. Für die am häufigsten verwendeten Samen folgt hier eine Tabelle mit Einweich- und Keimzeiten:

Sorte	Einweichzeit	Keimdauer	Licht-/Dunkelkeimer
Adzukibohnen	12–18 Stunden	3–5 Tage	Dunkelkeimer
Alfalfa	4–10 Stunden	3–7 Tage	Lichtkeimer
Bockshornklee	6–10 Stunden	2–5 Tage	Lichtkeimer
Buchweizen, geschält	½–3 Stunden	1–3 Tage	Lichtkeimer
Kichererbsen	16–20 Stunden	2–4 Tage	Dunkelkeimer
Linsen	8–12 Stunden	2–5 Tage	Dunkelkeimer
Mandeln	10–16 Stunden	1 Tag	Dunkelkeimer
Mungbohnen	10–14 Stunden	3–5 Tage	Dunkelkeimer
Senf	2–6 Stunden	2–6 Tage	Lichtkeimer
Sonnenblumenkerne, geschält	4–6 Stunden	1–2 Tage	Dunkelkeimer
Weizen	8–12 Stunden	2–3 Tage	neutral

Hinweis: Falls sich Schimmel bildet, werfen Sie Ihr Keimgut weg und reinigen Sie Ihren Keimbehälter gründlich mit Essigwasser. Vorbeugend können Sie auch einige Radieschensamen unter die anderen Samen mischen, weil sie helfen, die Schimmelbildung zu verhindern.

KEIMGERÄTE

Falls Sie kein Keimgerät besitzen, verwenden Sie einfach ein Glasgefäß: Bedecken Sie es mit einem feinen Mulltuch, das Sie mit einem Gummiband am Glasrand befestigen. Dann brauchen Sie das Glas nur auf den Kopf zu stellen, um die Samen abtropfen zu lassen. Stellen Sie es schräg, z. B. auf einen Geschirrständer, damit das Wasser gut abfließen kann und die Samen sich im Glas gleichmäßig verteilen.

Sie können auch etwas Watte oder Küchenpapier in einen Suppenteller legen, die Samen darauf verteilen und täglich befeuchten, etwa mit einem Zerstäuber. Diese Methode ist aber nicht ideal, da Sie Ihr Keimgut nicht gründlich durchspülen können.

Wenn Sie ein kleines Keimgerät kaufen wollen, um sich die Arbeit zu erleichtern, finden Sie im Bioladen oder im Online-Handel verschiedene Modelle (siehe Bezugsquellen, Seite 252): aus unterschiedlichem Material, mit einer oder mehreren Ebenen, in Form von schräg aufstellbaren Gläsern oder auch elektrisch betriebene … Es gibt Sprossensäckchen, die einfach zu handhaben sind und die man gut auf Reisen mitnehmen kann. Etagenkeimgeräte bringen ein gutes Ergebnis, sind in der Handhabung auch für Anfänger bestens geeignet und wie die Säckchen kostengünstig. Sprossengläser, Keimschalen und Kresseigel gehören in dieselbe Kategorie von Keimhilfen. Mit elektrischen Keimautomaten lassen sich die notwendigen Handgriffe (Einweichen, Wässern, Spülen) reduzieren, doch die Geräte sind teuer und etwas aufwendiger zu reinigen. Entscheiden Sie selbst! Achten Sie allerdings in jedem Fall darauf, dass die Kunststoffe der Gefäße keine Weichmacher und kein Bisphenol A enthalten, und desinfizieren Sie Ihr Keimgerät regelmäßig mit etwas Haushaltsessig.

HINWEISE ZUR HALTBARKEIT

Wenn Sie Sprossen aufbewahren wollen, trocknen Sie sie nach dem Spülen mit einem sauberen Geschirrtuch sorgfältig ab und stellen Sie sie in einem Behälter in den Kühlschrank, am besten mit einem Blatt Küchenpapier, um überschüssige Feuchtigkeit aufzunehmen. So halten sie sich je nach Sorte 1 bis 6 Tage. Behalten Sie sie gut im Auge, essen Sie sie rasch auf, wenn sie anfangen einzutrocknen, und werfen Sie sie weg, falls sich Schimmel bildet. Zum Einfrieren eignen sie sich nicht, das ergibt einen feuchten Brei. Samen kann man eventuell vor, aber nicht nach dem Keimen einfrieren!

KEIMLINGE: LECKER UND GESUND!

Sprossen werden normalerweise roh verzehrt; nur so kommt man in den Genuss ihres außerordentlich hohen Vitalstoffgehalts. Essen Sie täglich 10 bis 20 Gramm davon oder machen Sie eine Kur (1 bis 2 Wochen lang 50 Gramm pro Tag), vor allem im Frühling und Sommer. Nehmen Sie sie lieber morgens als abends zu sich, denn sie wirken sehr belebend. Kauen Sie sie gut und behalten Sie den Saft vor dem Schlucken lang im Mund, denn die reichlich enthaltenen Spurenelemente werden hauptsächlich über die Mundschleimhaut aufgenommen.

Jede Sprossenart hat ein anderes Aroma und einen mehr oder weniger ausgeprägten Eigengeschmack: Mungbohnen sind mild und knackig, Alfalfa-Sprossen sind frisch mit leichter Anisnote, Radieschensprossen kräftig und sehr würzig … Wählen Sie eine Sorte, die zu Ihrem Gericht passt, und verwenden Sie sie eher sparsam: Bei den kräftigsten Sorten reichen 2 Fingerspitzen pro Person!

HINWEISE ZUR VERWENDUNG

Mischen Sie Sprossen in Ihre Obst- und Gemüsesäfte oder geben Sie zwei Fingerspitzen davon in einen grünen Salat, zu Rohkost, einem Sandwich, einem Taboulé, einer selbst gemachten Frühlingsrolle oder veganem Frischkäse. Mit einer Avocado lassen sie sich zu einer Guacamole, mit Auberginen zu einem Gemüseaufstrich pürieren. Im Winter können Sie ihre wohltuenden Eigenschaften nutzen, indem Sie Ihre Velouté, einen Crêpe oder eine Schale Reis oder Nudeln damit krönen. (*Achtung*: Das Gericht darf nicht zu heiß sein, damit die Enzyme nicht zerstört werden.) Probieren Sie auch einmal eine Gemüsepastete mit gekeimten Linsen, eine Pesto-Variation aus frischen Kräutern, Mandeln und Sprossen, ein Hummus aus gekeimten Kichererbsen oder ein Power-Müsli, gemischt aus gekeimtem Buchweizen, frischem Obst und Lein-, Sesam- oder Chiasamen, die mehrere Stunden eingeweicht wurden.

Sie können Sprossen auch mehrere Stunden bei niedriger Temperatur dörren und anschließend zu Mehl vermahlen, das Sie Ihrem

Brotteig oder einem Gemüsepüree oder Getreidebrei beigeben. Und lassen Sie Ihrer Kreativität freien Lauf: Sprossen sind ausgesprochen dekorativ, und Sie können damit jeden bunten Salat, eine Käseplatte oder Ihre Canapés zum Apéritif aufpeppen ...

Guacamole mit Dillsprossen

Für 1 Schälchen

1 reife Avocado • 1 kleine Tomate • 1 TL Limettensaft • 1–2 EL Dillsprossen • 1 Prise Salz

Avocado schälen und entkernen, Tomate waschen und klein würfeln. Das Avocadofleisch mit der Gabel zerdrücken, mit den Tomatenwürfeln, Limettensaft, Sprossen und Salz verrühren. Sofort servieren.

Sind Sprossen „Superfoods"?

Beim Keimen erhöht sich in den Samen die Konzentration an Vitaminen, Mineralstoffen und Spurenelementen deutlich. Das macht sie zu besonders wertvollen Lebensmitteln: Sie fördern die Zellerneuerung und stärken das Immunsystem. Weizensprossen z. B. sind ein wahrer Vitamincocktail, während gekeimte Linsen besonders viel Eisen enthalten, Mungbohnensprossen mit essenziellen Aminosäuren punkten und Radieschensprossen mit Vitamin A (4-mal so viel wie in Kuhmilch).

Sprossen sind außerdem gut bekömmlich, weil Proteine und Kohlenhydrate von den Enzymen schon in leichter verdauliche Bausteine (Aminosäuren, Einfachzucker) aufgespalten wurden. Wenn Sie täglich Keime und Sprossen essen (die Sorte immer mal wechseln), sorgen Sie für eine ausgewogene Nähr- und Vitalstoffzufuhr und wirken möglichen Mängeln entgegen. Das Beste daran: All diese gesundheitsfördernden Eigenschaften der vitalstoffreichen Nahrung kommen Ihnen und Ihrer Gesundheit direkt zugute!

Ziegenkäse-Sesam-Toast mit Alfalfa-Sprossen

Für 1 Person

2 Scheiben Vollkornbrot • 2 TL Sesammus (Tahin) • 1 TL Tamari • 40 g Ziegenfrischkäse • 1 EL Alfalfa-Sprossen • 1 TL Zitronensaft • 1 TL Olivenöl

1. Die Brotscheiben toasten. Sesammus und Tamari verrühren, das Brot damit bestreichen. Mit 1 Scheibe Ziegenfrischkäse belegen.

2. Die Sprossen darüberstreuen, mit Zitronensaft und Olivenöl beträufeln und die zweite Brotscheibe darauflegen. Sofort servieren.

Sprossen sind ein absolutes Muss für Toast und Sandwich!

Seitan
HERSTELLEN

Seitan sieht aus wie Fleisch, schmeckt wie Fleisch und wird wie Fleisch zubereitet ... ist aber zu 100 Prozent pflanzlich und cholesterinfrei! Im Bioladen können Sie Seitan fertig kaufen – in mehr oder weniger guter Qualität. Machen Sie Ihren Seitan doch besser selbst – dann können Sie seinen Geschmack variieren und schonen außerdem Ihren Geldbeutel, denn die Zutaten kosten fast nichts.

Die Grundzutat von Seitan ist Weizengluten (Klebereiweiß), ein Proteinkonzentrat, das zurückbleibt, wenn man Kleie und Stärke aus dem Mehl herauswäscht*. Sie können es als Glutenmehl fertig abgepackt im Bioladen kaufen. Sie brauchen das Mehl dann nur mit Wasser zu einem Teig zu verkneten, zu würzen und in reichlich Gemüsebrühe zu garen, bevor es wie Fleisch zubereitet wird. Da Seitan an sich geschmacksneutral und etwas gummiartig ist, sollten Sie bei der Zubereitung nicht mit Gewürzen geizen und unbedingt ein paar Regeln einhalten, um einen zarten, wohlschmeckenden Seitan zu erhalten ...

DEN SEITAN ZUBEREITEN ...

Bevor Sie das Glutenmehl mit Wasser anrühren, vermischen Sie es mit verschiedenen trockenen Zutaten, um ihm Geschmack zu verleihen und die Zähigkeit zu nehmen: Stärke (Kartoffel, Mais, Pfeilwurzel) oder Mehl (z. B. aus Vollkornreis) macht es geschmeidiger, Hefeflocken geben ihm einen zarten Pilzgeschmack und Gewürze wählen Sie nach Belieben (auch beim Kochen können Sie noch würzen): Quatre-épices, Kreuzkümmel, Curry, Paprika ... Man kann auch etwas Mandel- oder Haselnussmehl dazugeben, damit es weicher und lockerer wird.

Anschließend vermengen Sie die Mehlmischung mit kräftiger Gemüsebrühe, pikant gewürzt mit etwas Tamari (besser geeignet als das mildere Shoyu), und Olivenöl für die Geschmeidigkeit. *Achtung*: Gießen Sie die Flüssigkeit auf einmal zu und rühren Sie sie ein! Salzen ist unnötig, Tamari und Brühe enthalten genug Salz.

Nach einer kurzen Ruhezeit kneten Sie den Teig 5 bis 10 Minuten: Je länger, desto weniger zäh wird das Ergebnis. Falls Sie eine

* Für Menschen, die unter Glutenintoleranz oder Zöliakie (chronischer Darmentzündung) leiden, ist Seitan daher nicht geeignet.

Küchenmaschine mit Knethaken oder einen Brotbackautomaten besitzen, benutzen Sie sie bzw. ihn ruhig. Sobald der Teig homogen ist, schneiden Sie ihn in größere oder kleinere Stücke: kleine Stücke für ein Schmor- oder Eintopfgericht, große Scheiben für ein veganes Steak. Beachten Sie, dass sich beim Kochen das Volumen verdoppelt. Ich empfehle auch, die Seitanstücke in etwas Mehl oder Hefeflocken zu wenden, damit sie beim Kochen oder Braten nicht aneinanderkleben.

... UND ANSCHLIESSEND KOCHEN UND BRATEN

Das Geheimnis eines zarten Seitan ist das Garen: Je länger und sanfter er gegart wird, desto weniger zäh wird das Resultat. Nehmen Sie reichlich Gemüsebrühe, fügen Sie Tamari und (nach Geschmack) aromatische Kräuter, Knoblauch und Gewürze hinzu und geben Sie Ihre Seitanstücke hinein. Je nach Größe 15 Minuten bis 1 gute Stunde köcheln lassen. Anschließend die Brühe abgießen und den Seitann weiterverarbeiten.

- **Kleine Stücke** eignen sich gut für einen veganen „Caesar Salad" oder lassen sich mit Tomaten- und Paprikastücken zu hübschen Spießen zusammenstellen. Sie können sie auch mit kleinen Zwiebeln, Gemüse und Pilzen oder mit einer Teriyaki-Sauce (aus Honig und Sojasauce) in der Pfanne braten oder als Curry, Tajine à la bourguignonne oder als Frikassee schmoren. Paniert können Sie auch Nuggets daraus machen, die Sie in Döner-Fladen oder in Tortilla-Wraps stecken ...

- **Scheiben** braten Sie einfach in der Pfanne und servieren sie mit etwas Senf oder als Veggie-Burger ...

- **Gehackt** können Sie Ihren Seitan auch in einer Sauce bolognese oder einem Hackfleischauflauf verwenden oder Gemüse damit füllen.

HINWEISE ZUR HALTBARKEIT

Selbst gemachter Seitan hält sich in einem luftdichten Gefäß im Kühlschrank einige Tage, nach Möglichkeit in Brühe, damit Aroma und Konsistenz erhalten bleiben. Einfrieren ist zwar möglich, aber dann wird er leicht feucht und verliert etwas Geschmack. Danach entweder einige Stunden im Kühlschrank oder 10 bis 15 Minuten im Backofen bei 120 °C (Umluft: 100 °C) auftauen lassen.

Gießen Sie die Brühe bitte nicht weg!

In der aromatischen Brühe können Sie den Seitan aufbewahren oder schmoren; Sie können eine Velouté, einen Risotto, eine Pastasauce damit würzen ... Oder Sie frieren sie in kleinen Portionen ein, z. B. in einem Eiswürfelbehälter oder in einzelnen Beuteln.

Selbst gemachter Seitan

Für etwa 700 Gramm Seitan

2 ½ l Kräuter- oder Gemüsebrühe • 150 g Glutenmehl • 50 g Mandelmehl • 30 g Pfeilwurzelstärke • 30 g Hefeflocken • 1 EL Olivenöl • 100 ml + 2 EL Tamari • 3 EL Weizenmehl Type 550 • Gewürze nach Belieben (Quatre-épices, Paprika, Kreuzkümmel, Curry …)

1 Die Brühe zubereiten. Das Glutenmehl mit Mandelmehl und Pfeilwurzelstärke sowie den Hefeflocken vermischen. Das Olivenöl mit 2 Esslöffeln Tamari und 250 Millilitern Brühe verrühren, zügig in die Mehlmischung gießen und umrühren, bis eine stückige Masse entsteht. 15 Minuten ruhen lassen.

2 5 bis 10 Minuten kneten und zu einer glatten Kugel formen.

3 Die Teigkugel in Stücke schneiden, diese in Mehl wenden.

3

4 100 Milliliter Tamari und Gewürze in die restliche Brühe geben und die Seitanstücke darin je nach Größe 15 Minuten bis 1 Stunde köcheln lassen.

Als kalorienarme Proteinquelle ist Seitan aus der vegetarischen Küche nicht wegzudenken.

Vegane Milch ZUBEREITEN

Seine eigene vegane Milch herzustellen ist nicht nur kostensparend und ökologisch. Es ermöglicht vor allem, seine ganz persönlichen Lieblingsmischungen zu kreieren, geschmacklich abgestimmt und in der gewünschten Konsistenz – und das alles ohne irgendeinen Zusatzstoff!

Vegane „Milch“ oder vielmehr vegane Drinks sind Getränke, die aus (Pseudo-)Getreide (Reis, Hafer, Quinoa, Dinkel ...), Hülsenfrüchten (Soja) oder Nüssen, Kernen und Ölsaaten (Haselnuss, Mandel, Kastanie, Kokosnuss, Chiasamen ...) und Wasser zubereitet werden. Manchmal wird auch noch etwas Öl, Salz oder Sirup, Emulgatoren oder pflanzliche Verdickungsmittel, bisweilen auch Algenextrakt (Kalzium aus dem Meer) hinzugefügt. Diese veganen Drinks enthalten weder Laktose noch Cholesterin, sind leicht verdaulich und reich an ungesättigten Fettsäuren, Vitaminen und Mineralstoffen. Erfinden Sie ruhig eigene Mischungen ganz nach Ihrem persönlichen Geschmack und Bedarf!

DIE SAMEN EINWEICHEN

Die meisten Samen müssen zunächst über Nacht in Wasser (gefiltertes oder Quellwasser) eingeweicht werden, damit die Keimung einsetzt, die ihre Bekömmlichkeit und ihren Vitalstoffgehalt erhöht. Mandeln lassen sich auf diese Weise auch ausgezeichnet schälen – damit bleiben weniger Rückstände in der „Milch“ –, denn ihre Haut löst sich dann ganz leicht. Die weichen Cashewkerne brauchen nur 4 Stunden, während gelbe Sojabohnen ungefähr 24 Stunden eingeweicht werden müssen. Wenn Sie „Milch“ aus rohem Getreide herstellen möchten, lassen Sie es 2 bis 3 Tage keimen, bevor Sie es mahlen. Denken Sie daran, dass Samen ihr Volumen beim Keimen beträchtlich vergrößern und verwenden Sie ein ausreichend großes Gefäß. Außerdem sollten Sie die Samen vorher und hinterher gründlich abspülen.

VEGANE MILCH ZUBEREITEN ...

... mit einem Sojamilchbereiter
Bei Online-Anbietern oder auf Spezialmessen findet man verschiedene Soja- bzw. Pflanzenmilchbereiter. Sie sind etwa so groß wie ein Wasserkocher und durchaus kostspielig. Damit lassen sich in Rekordzeit – und ohne lästiges Abseihen – alle gewünschten veganen Drinks sowie frischer Tofu, bei einigen Modellen sogar Suppen oder Brühen zuberei-

ten. Die Anschaffung rentiert sich schnell, wenn man täglich vegane Milch zu sich nimmt. Wählen Sie am besten ein Gerät, das auch eine Kalt-Funktion bietet (siehe Bezugsquellen, Seite 252). Dann können Sie auch rohköstliche Drinks zubereiten, die noch vitalstoffreicher sind. Das Prinzip ist einfach: Nach dem Einweichen füllen Sie die Samen (oder Flocken) in das Gerät, gießen frisches Wasser dazu, dann überlassen Sie das Mahlen und Filtern der Maschine. Das dauert maximal 15 Minuten, je nachdem, ob die Mischung erhitzt wird oder nicht.

Für 1 Liter Wasser brauchen Sie etwa 100 Gramm Samen (Nüsse, Kerne, Hülsenfrüchte), aber natürlich können Sie das Mengenverhältnis abwandeln, um dünn- oder dickflüssigere Drinks zu erhalten.

... mit einem Mixer

Damit haben Sie alle Möglichkeiten: Samen oder Flocken einweichen, eventuell kochen, dann mit Wasser im Mixer pürieren und anschließend die Milch durch ein feines Sieb oder ein Passiertuch abseihen. Da manche Getreidearten (Hafer, Gerste ...) eine recht lange Garzeit haben, sollten Sie davon größere Mengen zubereiten und dann im Kühlschrank aufbewahren; das Kochen erhöht ihre Haltbarkeit (maximal 5 Tage). Hirse oder Quinoa müssen hingegen nicht lange gekocht werden und ergeben einen köstlichen Drink. Einen Reisdrink selbst zuzubereiten ist nicht ganz so einfach. Am besten Sie weichen den Reis ein und kochen ihn dann vor, um ihn noch weicher zu machen. Anschließend mit frischem Wasser pürieren und abseihen.

Mit einem Hochleistungsmixer wird der Drink feiner und Sie müssen nicht mehr filtern, aber ein einfacher Mixer tut es auch. Der Rolls-Royce unter den Mixern ist der *Vitamix* – sehr teuer, das Ergebnis ist allerdings beeindruckend!

... mit einem Entsafter

Diese Methode ist zwar etwas weniger wirkungsvoll und Sie sollten unbedingt einen Lappen zum Abwischen der Arbeitsfläche bereithalten, hat aber den Vorteil, dass Sie damit rohköstliche, also vitalstoffreichere Milchalternativen zubereiten können. Denn ein (Presswalzen-)Entsafter zerkleinert, ohne zu erhitzen – jedenfalls beinahe (siehe Seite 10 ff.). Nach dem Einweichen füllen Sie die Samen in das Gerät und verdünnen anschließend die Pressrückstände mit etwas Wasser.

Eine noch größere Ausbeute können Sie erzielen, indem Sie den trockenen Rückständen Wasser zufügen, gut verrühren und den Vorgang im Entsafter – durchaus mehrfach – wiederholen.

... aus Nussmus

Wenn es einmal schnell gehen muss, erhalten Sie mit dieser Technik ganz ohne Einweichen und in wenigen Minuten recht ordentliche Milchalternativen. Allerdings sind diese etwas teurer, als wenn Sie sie selbst direkt aus den Samen herstellen. Man braucht nur etwas von dem gewünschten Mus (Mus von weißen Mandeln, Haselnüssen, Sesamsamen, Cashewkernen oder Erdnüssen) mit lauwarmem Wasser zu verdünnen, bis die gewünschte Konsistenz erreicht ist (rechnen Sie ungefähr 250 Milliliter Wasser für 1 gehäuften Esslöffel Mus). Diese Methode funktioniert auch mit ungesüßter Kastaniencreme.

Da sich nach einer gewissen Ruhezeit das Wasser wieder vom Mus absetzt, sollten Sie es sofort verwenden (oder später noch einmal gründlich verrühren).

... aus Flocken (Reis-, Hafer-, Gerste-, Kastanienflocken usw.)

Die Flocken müssen zunächst 4 Stunden eingeweicht, dann abgespült, im Mixer püriert und zuletzt abgeseiht werden. Rechnen Sie 6 gehäufte Esslöffel auf 1 Liter Wasser. Manche kochen Haferflocken vor dem Weiterverarbeiten 1 Stunde im Einweichwasser, um ein cremigeres Resultat zu erzielen. Probieren Sie es aus!

Kokosmilch lässt sich sehr leicht aus Kokosraspeln (50 Gramm für 1 Liter Wasser) herstellen.

HINWEIS ZUR HALTBARKEIT

Selbst gemachte vegane Milch hält sich in einem luftdichten Behälter im Kühlschrank ungefähr 3 Tage („rohe“ und „gekeimte Milch“ 2 Tage). Vor dem Servieren noch einmal kräftig umrühren.

Rohe Mandelmilch mit Orangenblütenwasser

Für etwa 1 Liter

150 g ungeschälte Mandeln • 1 EL Orangenblütenwasser • 3 TL Agavendicksaft • 1 l Wasser

Die Mandeln 12 Stunden in reichlich Wasser einweichen. Abtropfen lassen, abspülen und die Häutchen entfernen. Mit Wasser, Orangenblütenwasser und Agavendicksaft gründlich mixen, bis die Milch homogen ist. Falls nötig, durch ein Tuch seihen. Hält sich in einem luftdichten Behälter im Kühlschrank maximal 3 Tage.

UND MAN SPART AUCH NOCH DABEI!

Es ist immer deutlich günstiger, vegane Drinks selbst herzustellen, als sie fertig zu kaufen. Vergleichen Sie einmal, was Sie die Zutaten kosten, mit dem Preis für die entsprechende Menge Fertigdrink. Sie werden feststellen, dass Sie für die Zutaten (inklusive Strom und Wasser) nur ein Drittel oder sogar ein Viertel bezahlen. Es lohnt sich also auf jeden Fall!

IHRE PERSÖNLICHEN LIEBLINGSDRINKS ZAUBERN

Sie können beispielsweise 2 bis 3 Esslöffel Pflanzenöl in Ihren veganen Drink geben, zum Stabilisieren oder zur geschmacklichen Abrundung 1 bis 2 Esslöffel Honig oder Sirup hinzufügen, 1 Prise Salz als Geschmacksverstärker oder ein paar Tropfen natürliches Aroma (Vanille- oder Mandelextrakt) verwenden. Diese Zutaten fügen Sie beim Pürieren hinzu (ggf. nach dem Kochen!).

HINWEISE ZUR VERWENDUNG

Vegane Drinks werden entweder als Getränk genossen oder beim Kochen eingesetzt, genauso wie Kuhmilch. Die süßen Sorten (Mandel-, Reis-, Hafermilch) eignen sich besser für die Zubereitung von Desserts und gesüßten Getränken, während Sojamilch gut zu herzhaften Gerichten passt. „Rohe" und „gekeimte" Versionen werden am besten einfach so oder als Smoothies getrunken.

Und was passiert mit den Resten?

Was nach der Zubereitung von Nussmilch (Mandel-, Haselnussmilch ...) übrig bleibt, findet eine leckere Verwendung in vegetarischen Bratlingen, in Kuchenteig oder in Cookies. Auch die Sojapulpe, das sogenannte Okara (protein- und ballaststoffreiche Rückstände bei der Herstellung von Sojamilch), lässt sich wunderbar verwerten, um Bratlinge zu machen (Rezept siehe Seite 143 ff.) Gemüse zu füllen, eine Suppe anzudicken oder den Belag einer salzigen Tarte zu ergänzen.

Selbst gemachte Sojamilch (Tonyu)

Für etwa 1 Liter

150 g gelbe Sojabohnen • 1,3 l Wasser

1 Die Sojabohnen waschen, 2 Tage in Wasser einweichen, dabei täglich spülen. Die Bohnen mit 300 Milliliter Wasser im Mixer pürieren.

2 1 Liter Wasser in einen großen Topf füllen. Den Sojabrei einrühren, dann etwa 30 Minuten unter stetigem Rühren sanft köcheln lassen (Vorsicht, dass es nicht überkocht!), bis es nicht mehr schäumt. Durch ein feines Sieb oder Passiertuch abseihen. Soja muss unbedingt gekocht werden, damit seine Antinährstoffe, insbesondere die Phytinsäure, die die Aufnahme von Mineralstoffen und Spurenelementen in unserem Organismus behindert, unschädlich gemacht werden.

3 Gut ausdrücken, um möglichst viel „Milch" zu gewinnen; der trockene Rückstand, Sojapulpe oder – im asiatischen Raum – Okara genannt, lässt sich weiterverwerten (siehe Kasten, Seite 65). Sojamilch hält sich in einem luftdichten Behälter im Kühlschrank maximal 2 Tage. Vor dem Servieren gut aufschütteln.

3

Tofu
HERSTELLEN

Nachdem Sie nun wissen, wie man Sojamilch zubereitet, wäre es schade, nicht auch noch Tofu daraus zu machen! Das ist kinderleicht und Sie können ihn dann genau in der Konsistenz herstellen, die Sie brauchen – je nachdem, wofür Sie den Tofu verwenden möchten ...

Tofu hat kein sehr gutes Image, was wirklich schade ist, denn seine wandlungsfähige Konsistenz und sein fast neutraler Geschmack machen ihn zu einer Art kulinarischem Chamäleon. Er nimmt das Aroma der ihm beigefügten Zutaten ausgesprochen gut an und lässt sich auf alle möglichen Arten zubereiten.

Fester Tofu ist ideal zum Braten in der Pfanne oder passt – kurz mariniert – wunderbar in einen Salat, ein Sandwich oder auf eine Pizza. Dagegen eignet sich **Seidentofu** mit seiner sehr feinen Beschaffenheit (zwischen Pudding und Joghurt) besonders gut für süße Cremespeisen und Backwaren, in denen er sogar die Eier ersetzt. Auch ernährungsphysiologisch kann er punkten: Wegen seines hohen Gehalts an essenziellen Aminosäuren und ungesättigten Fettsäuren ist Tofu der bekannteste pflanzliche Fleischersatz. Es wäre also schade, ihn hier außen vor zu lassen!

DIE SOJAMILCH GERINNEN LASSEN ...

Um Sojamilch gerinnen zu lassen, bringt man sie zum Kochen, nimmt sie dann vom Herd, fügt ein Gerinnungsmittel hinzu (Salz oder etwas Säurehaltiges) und rührt 2- bis 3-mal um. Das Ganze muss nun 10 Minuten ruhen: Dabei löst sich nach und nach eine gelbliche „Molke" von den festeren weißen Bestandteilen – dem Sojaquark.

Das am häufigsten verwendete Gerinnungsmittel ist Nigari, ein Meerwasserextrakt, das im Wesentlichen aus Magnesiumchlorid besteht, aber auch reich an Kalzium ist. Es verleiht dem Sojaquark eine eher feste, leicht körnige Konsistenz, ähnlich wie die des herkömmlichen Quarks. Eine kleine Menge genügt: 1 Teelöffel Nigari, in ein wenig Wasser aufgelöst, reicht problemlos für 1 Liter Sojamilch; sein leicht bitterer Geschmack macht sich nur bei einer übermäßigen Dosierung bemerkbar. Nigari findet man hierzulande nicht unbedingt im Bioladen, kann es aber bei Online-Anbietern bestellen (siehe Bezugsquellen, Seite 252). Notfalls können

Sie auch auf Magnesiumchlorid aus der Apotheke ausweichen.

Bei den säurehaltigen Gerinnungsmitteln sind die beiden wirkungsvollsten schnell zur Hand: Apfelessig und Zitronensaft. Damit gelingt die Gerinnung ebenso schnell und gut, aber beides gibt dem Tofu einen milden Geschmack und eine glatte, zarte Konsistenz, die an Seidentofu erinnert. Diese Art der Gerinnung ist also besser geeignet, wenn Sie Süßspeisen aus Ihrem Tofu zubereiten möchten. Sie können auch Saft von anderen Zitrusfrüchten verwenden (Orangen, Clementinen …), aber ich empfehle Ihnen, wegen der größeren Wirksamkeit stets etwas Zitronensaft dazuzugeben. Rechnen Sie etwa 3 Esslöffel Essig oder Zitronensaft zur Gerinnung von 1 Liter Sojamilch.

Wenn Sie japanische Freunde haben oder ins Land der aufgehenden Sonne reisen, können Sie sich den Kaviar unter den Säuerungsmitteln besorgen: Glucono-delta-Lacton (abgekürzt GdL)*, eine natürliche Milchsäure, die dem Tofu eine unvergleichlich feine, fast geleeartige Beschaffenheit verleiht (1 Teelöffel pro Liter Sojamilch). In Frankreich und Deutschland ist es leider nur in sehr großen Mengen im Gastronomiefachhandel erhältlich.

… DANN ABSEIHEN UND PRESSEN

Wenn die Sojamilch geronnen ist, wird der Sojaquark mehr oder weniger kräftig und (bis 5 Stunden) lang gepresst, um das gewünschte Resultat zu erzielen: Je mehr Flüs-

* In der EU ist GdL als Lebensmittelzusatzstoff mit der Bezeichnung E 575 ohne Höchstmengenbeschränkung für Lebensmittel zugelassen.

sigkeit ausgepresst wird, desto fester und proteinreicher wird der Tofu.

Zum Pressen gibt es zwei Möglichkeiten: Entweder gießt man den Sojaquark in ein Passiertuch, das man zugebunden zwischen den Händen presst und dann in ein Sieb setzt, das mit einem Teller (mit Gewicht!) beschwert wird. Oder man verwendet eine Tofu-Form, eine Dose mit Löchern im Boden und einem Deckel, der wie eine Presse funktioniert. So ein Gefäß finden Sie für wenig Geld im Online-Handel oder auch im Bioladen. Um Seidentofu herzustellen, reicht ein mit einem Geschirrtuch oder Küchenpapier ausgelegtes Sieb, weil dieser Tofu nicht gepresst werden muss.

In jedem Fall erhält man mehr „Molke" als Tofu: 1 Liter Sojamilch ergibt ungefähr 200 Gramm Tofu, je nachdem, wie stark er gepresst wird. Sobald Ihr Tofu fest genug ist, nehmen Sie ihn aus der Form und legen ihn einige Minuten in kaltes Wasser (Das gilt nicht für Seidentofu!), damit er fest werden kann. In einem luftdichten, mit kaltem Wasser gefüllten Behälter im Kühlschrank hält er sich bei täglichem Wasserwechsel 1 Woche.

TOFU – EINIGE VARIANTEN

Der große Vorteil von hausgemachtem Tofu besteht darin, dass Sie ihn nach Ihrem eigenen Geschmack aromatisieren können: Sie brauchen ihn nur vor dem Pressen mit den gewünschten Zutaten zu vermischen.
Herzhafte Ideen: Gewürze, Algenflocken, aromatische Kräuter, kleine Gemüsewürfel, Sprossen, kleine Samen (Mohn-, Sesamsamen ...)
Süße Ideen: Sirup (Agaven-, Ahornsirup ...), abgeriebene Schale von Bio-Zitrusfrüchten, Vanille, Zimt oder Kakao ...
Sie können ihn auch mit etwas Matcha oder Kurkuma färben.

Schokoladenjoghurt aus Seidentofu

Für 1 bis 2 Personen

500 ml Sojamilch • 2 EL Zitronensaft • 2 TL ungesüßter Kakao • 1 EL Agavendicksaft

Die Sojamilch zum Kochen bringen. Vom Herd nehmen und den Zitronensaft dazugeben, mit dem Schneebesen verrühren und 10 Minuten ruhen lassen. Anschließend in ein feines oder mit einem Passiertuch ausgelegtes Sieb gießen und 15 Minuten abtropfen lassen. Den Seidentofu herausnehmen und rasch mit dem Kakao und dem Agavendicksaft glatt mixen. Abkühlen lassen. Vor dem Servieren mindestens 2 Stunden in den Kühlschrank stellen.

Um Tofu selbst herzustellen, braucht man nur etwas Sojamilch und ein Gerinnungsmittel.

Nach der Gerinnung wird die „Molke“ durch ein Passiertuch abgeseiht, der Sojaquark bleibt zurück.

Marinierter Honig-Cashew-Tofu

Für 1 Person

1 EL Tamari • $1^{1}/_{2}$ TL flüssiger Honig • 2 TL Reisessig • 100 g fester Tofu • 10 Cashewkerne • 1 EL Olivenöl • 1 TL Koriander, fein gehackt

❶ In einer kleinen Schüssel Tamari, Honig und Reisessig zu einer Marinade verrühren.

❷ Den gewürfelten Tofu in einen luftdichten Behälter geben, mit der Marinade übergießen und den Behälter verschließen. 30 Minuten ruhen lassen, dabei 1- bis 2-mal umrühren. Die Marinade abgießen und beiseitestellen.

❸ Die Cashewkerne in einem Mixer grob mahlen. Das Mehl über den Tofu streuen und vermengen.

3

4 In einer Pfanne Olivenöl erhitzen und den Tofu darin anbraten. Sobald er goldbraun wird, die Marinade dazugeben und noch 1 bis 2 Minuten weitergaren.

5 Mit Koriander bestreut servieren.
Hinweis: Nach dem Marinieren hat der Tofu alle Aromen aufgenommen. Ein tolles Grundrezept.

Nuss- & Samenmuse ZAUBERN

Nuss-, Mandel-, Sesam- und viele andere Mussorten enthalten eine unglaubliche Fülle an wertvollen Inhaltsstoffen. Außerdem sind diese Muse sehr vielseitige Zutaten – sie können beispielsweise in vielen Rezepten Butter ersetzen ... Mit etwas Geduld und den richtigen Utensilien und Geräten können Sie Nuss- und Samenmuse selbst herstellen!

Mandeln mit und ohne Schale, Haselnüsse, Erdnüsse, Sesamsamen, Cashewkerne und sogar Pistazien: Nuss-, Kern- und Ölsaatenmuse gibt es unzählig viele verschiedene und sie sind geradezu ein Muss im Bio-Vorratsschrank. Mit etwas Wasser oder Agavendicksaft verdünnt, lassen sie sich rasch in eine vegane „Crème fraîche" verwandeln oder ersetzen die Butter (eventuell zusammen mit Olivenöl) in den meisten süßen Cremespeisen und Backwaren. Auch als Aufstrich schmecken sie unwiderstehlich. Außerdem bieten sie eine ausgezeichnete Möglichkeit, auf die Schnelle vegane Milch zu zaubern.

Seit Jahrzehnten gelten diese Muse als eine tragende Säule der veganen Ernährung, weil sie als einziges pflanzliches Lebensmittel eine hohe Konzentration an Proteinen und Fetten zugleich aufweisen. Sie stecken voller ungesättigter Fettsäuren, enthalten fast ebenso viel Proteine wie Soja (12 bis 26 Prozent) und große Mengen Vitamin E, das als Antioxidans wirkt, dazu Mineralstoffe. All diese Nährstoffe sind von unserem Organismus bestens verwertbar. Außerdem sind sie für Jung und Alt besonders bekömmlich.

Jedes Mus hat seine Vorteile: Wussten Sie, dass Haselnussmus die meisten Fettsäuren und Erdnussmus die meisten Ballaststoffe und Proteine besitzt? Sesammus (Tahin) hingegen ist besonders reich an Mineralstoffen (Phosphor, Kalzium, Eisen, Magnesium). Mandelmus eignet sich insbesondere für die Jüngsten, weil es so gut verträglich ist. Cashewmus wiederum ist das vielseitigste, wegen seines erstaunlich neutralen Geschmacks ...

Der kleine Schönheitsfehler der verschiedenen Muse ist ihr Preis: Die fertig gekauften werden in der Regel aus sorgfältig ausgewählten Zutaten in Bio-Qualität hergestellt, teils über Holzfeuer getrocknet oder geröstet, teils rohköstlich verarbeitet. Deshalb kosten sie ein bisschen mehr als ein Päckchen Butter ... Es lohnt sich also durchaus, sie selbst zu machen: die Samen zu kaufen, etwas Zeit zu investieren und einen leistungsfähigen Standmixer anzuwerfen. Dieser wird ganz schön gefordert! Sie werden wohl nicht ganz dieselbe Cremigkeit hinbe-

kommen wie die Profis, die ein spezielles Equipment zur Verfügung haben (es sei denn, Sie stellen sich eine Steinmühle ins Wohnzimmer ...), aber mit etwas Übung werden Sie ein absolut akzeptables Ergebnis erzielen. Obendrein haben Sie die Möglichkeit, rohköstliche, also nicht erhitzte und somit vitalstoffreichere Muse herzustellen. Zudem können Sie Varianten ausprobieren wie z. B. Sonnenblumenkernbutter oder köstliches Walnussmus, die nicht lang haltbar und daher kaum im Handel zu finden sind ...

DIE SAMEN EINWEICHEN ...

Für ein gutes Mus verwenden Sie ungesalzene (und im Fall der Mandeln ungeschälte) Samen. Sesammus lässt sich aus geschältem oder ungeschältem Sesam machen, je nachdem, wie intensiv der Geschmack sein soll. Am besten weichen Sie die Samen erst ungefähr 10 Stunden ein, um sie geschmeidig zu machen, ihre Enzymaktivität zu wecken und damit ihren Nährstoffgehalt für unseren Organismus verwertbar zu machen.

Vor dem Vermahlen sollten Sie sie noch gut durchspülen. Dadurch lassen sich auch Mandeln leichter häuten, wenn Sie weißes Mandelmus zubereiten möchten. Dieser vorbereitende Schritt ist ein großer Vorteil des Selbermachens, denn die im Handel erhältlichen Muse werden ohne Einweichen hergestellt. Sie können die Samen anschließend an der Sonne oder im Dörrautomaten trocknen, um ihre Bekömmlichkeit zu verbessern und sie länger haltbar zu machen. Erhitzen Sie sie jedoch nicht über 42 °C, um die Enzyme und die ungesättigten Fettsäuren zu erhalten, die besonders hitzeempfindlich sind.

... UND ANSCHLIESSEND PÜRIEREN

Die eingeweichten Samen pürieren Sie im (Hochleistungs-)**Mixer** (je leistungsfähiger das Gerät ist, desto glatter und cremiger wird das Ergebnis). Dabei müssen Sie immer wieder das Mus von den Wänden des Mixers abschaben, damit es schön homogen wird. Die Samen verwandeln sich zunächst in Mehl, dann in einen großen Klumpen, der schnell zu einem etwas körnigen Mus zergeht. Während des Mixens dürfen Sie ein wenig Wasser dazugeben (nicht mehr als ein paar Teelöffel), falls Ihnen das Mus zu fest ist. Damit Mus und Gerät nicht überhitzen, sollten Sie regelmäßig Pausen einlegen (5 bis 10 Minuten mixen, dann 30 bis 60 Minuten ruhen lassen). Natürlich können Sie auch mit einem Küchenthermometer kontrollieren, dass die Temperatur 42 °C nicht übersteigt.

Muse kann man auch mit einem **Entsafter** herstellen: Dazu gibt man die Samen nach dem Einweichen und Spülen mehrmals in das mit einem Püriereinsatz bestückte Gerät. Das Ergebnis fällt in der Regel etwas körniger aus, doch dafür besteht bei dieser langsamen, sanften Püriermethode nicht die Gefahr der Überhitzung.

Schließlich können Sie sich auch für das altbewährte Duo von **Mörser und Stößel** entscheiden, aber diese Vorgehensweise ist sehr mühselig und das Resultat weit weniger homogen. Das empfiehlt sich höchstens für ganz kleine Mengen, die man mal schnell zubereitet ...

Kreieren Sie Ihre eigene Melange! Hier ein paar Ideen: Mandel–Haselnuss für eine hausgemachte Nuss-Nougat-Creme (mit etwas Rohrohrzucker und ungesüßtem Kakao), Leinsamen–Sesam für ein gesundes Mus, z. B. ins Frühstücksmüsli eingerührt, Paranuss–Cashewkerne für ein exotisches und sehr cremiges Mus ...

MEINE EMPFEHLUNGEN

Natürlich dürfen Sie beim Mixen auch etwas kalt gepresstes pflanzliches Öl dazugeben, um das anfänglich trockene Mehl leichter in ein Mus zu verwandeln und dieses geschmeidiger zu machen, wenn es zu fest ist. Je nach gewünschtem Resultat wählen Sie eher ein neutrales Öl (Raps-, Sonnenblumenöl) oder eines, das zu den verwendeten Samen passt (Haselnuss-, Macadamia-, Sesamöl). Sonnenblumenöl, das reich ist an Vitamin E, ist zugleich ein Konservierungsmittel, sodass Sie Ihr Mus länger genießen können.

Sie können das Mus auch mit etwas Rohrohrzucker abrunden (köstlich in einem Walnuss- oder braunen Mandelmus) oder mit einem Sirup (Reis- oder Agavensirup) mit neutralerem Geschmack. Honig ist ebenfalls lecker (in weißem Mandelmus) und Ahornsirup (in einem Cashewmus). Sie sollten zudem die Prise Salz nicht vergessen, die dem Ganzen mehr Geschmack gibt.

Sie können Ihr Mus auch mit Gewürzen (z. B. Cashewmus mit Kurkuma, Sesammus mit Kreuzkümmel, Mandelmus mit Zimt ...), ätherischen Ölen und anderen Zutaten Ihrer Wahl verfeinern. Ich persönlich finde es jedoch sinnvoller, „neutrale" Muse herzustellen und sie anschließend in kleinen Mengen so zu würzen, wie ich sie gerade brauche ...

Wenn Sie Nüsse, Kerne und Ölsaaten rösten, wird ihr Geschmack intensiver, dabei sollten Sie allerdings unbedingt sehr behutsam mit ihren Vitalstoffen umgehen: Rösten Sie achtsam. Sie können auch nur ein Drittel der Samen rösten; damit kommen Sie in den Genuss eines intensiveren Aromas, ohne den Vitalstoffgehalt zu sehr zu beeinträchtigen.

HINWEIS ZUR HALTBARKEIT

Fertig gekaufte Muse können im Vorratsschrank monate-, wenn nicht jahrelang aufbewahrt werden, da bei ihrer Herstellung die Samen nicht eingeweicht, sondern getrocknet verarbeitet wurden. Hausgemachtes Mus hält sich hingegen im (möglichst sterilisierten) Glasgefäß nur ein paar Wochen im Kühlschrank, insbesondere, wenn es rohköstlich zubereitet oder eingeweicht wurde oder wenn Sie ihm beim Mixen etwas Wasser beigemischt haben.

Nur die unempfindlicheren Muse (Mandel-, Haselnuss-, Cashew- oder Erdnussmus) lassen sich auch bei Zimmertemperatur lagern, sofern Sie sie rasch aufbrauchen. Dagegen werden Walnuss-, Leinsamen-, Hanf- oder Macadamiamus – besonders interessant zum Selbermachen, da man sie im Handel kaum findet – schnell ranzig. Bereiten Sie davon kleine Mengen zu, die Sie in den Kühlschrank stellen. Halten sich 2 bis 3 Wochen.

Dass sich das Öl bei der Lagerung von der festen Masse absetzt, ist völlig normal. Sie müssen nur vor dem Gebrauch einmal kräftig umrühren!

SCHNELLE SÜSSE BROTAUFSTRICHE

Mixen Sie ...

- 2 Esslöffel braunes Mandelmus, 1 Esslöffel Orangensaft, 1 gehäuften Teelöffel ungesüßten Kakao und 2 Teelöffel Rohrohrzucker.
- 2 Esslöffel Walnussmus, 1 Esslöffel Maronencreme und 1/2 geschälte Birne.
- 2 Esslöffel weißes Mandelmus, 1 kleinen geschälten Pfirsich und 1 Prise Ingwerpulver.

SCHNELLE PIKANTE SAUCEN

Verrühren Sie ...

- 1 Esslöffel weißes Mandelmus, je 1 Teelöffel Apfelessig und Senf, 1/4 Teelöffel Agavendicksaft und 1 bis 2 Esslöffel Wasser.
- je 1 Esslöffel Tahin und Olivenöl, 2 Teelöffel Zitronensaft und 2 Prisen Kreuzkümmelsamen. Zu Getreide oder Auberginensalat servieren oder mit 100 Gramm gekochten Kichererbsen zu Hummus pürieren.

Sie brauchen Mandel- oder Haselnussmus, haben aber keine Zeit, es selbst herzustellen?

Mixen Sie einfach 200 Gramm Mandel- bzw. Haselnussmehl mit 1 bis 2 Teelöffeln pflanzlichem Öl und fügen Sie falls nötig 1 bis 2 Esslöffel Wasser hinzu.

Eher als Brotaufstrich als zum Kochen geeignet.

Kokosbutter

Für 1 Glas à 500 Gramm

4 EL Kokosöl • 500 g Kokosmehl

Die Zutaten zu einer zähen, sämigen Masse mixen. Dabei immer wieder das Mixgut von den Wänden des Mixers abschaben und Pausen einlegen, um das Ganze nicht zu sehr zu erhitzen. In ein Schraubglas füllen und bei Zimmertemperatur fest werden lassen. Kokosbutter hält sich mehrere Monate.

Gut zu wissen: Die Frucht der Kokospalme, die Kokosnuss, ist im botanischen Sinne keine Nuss, sondern eine Steinfrucht. Wegen ihres hohen Gehalts an Fettsäuren wird sie zu den Ölfrüchten gerechnet.

Tipp: Besitzen Sie einen Hochleistungsmixer? Damit lässt sich die Kokosbutter am besten herstellen.

JEDES MUS HAT SEINEN EIGENEN CHARME!

Cashewmus verhält sich neutral und ist daher am vielseitigsten einsetzbar. Es ist allerdings etwas weniger cremig (und teurer) als weißes Mandelmus.

Erdnussmus hat einen sehr intensiven Geschmack und überdeckt leicht das Aroma der anderen Zutaten, daher sollte man es nur sparsam verwenden. Es harmoniert gut mit z. B. Karotten oder Schokolade.

Braunes Mandelmus und **Haselnussmus**, beide kräftiger im Geschmack, passen gut zu Herbst- und Winteraromen, ob süß oder salzig. Probieren Sie es doch einmal mit Hokkaido-Kürbis, Kastanien, Buchweizen, Birnen, Walnüssen oder Schokolade.

Das milde **weiße Mandelmus** ersetzt problemlos Butter in allen süßen Backwaren oder auch auf einem Honigbrot. Genauso gut lässt es sich anstelle von Sahne (eventuell mit etwas Wasser verdünnt) in allen Zubereitungen verwenden, die cremig sein sollen (Mayonnaise, Risotto, Cremesuppen ...).

Pistazienmus ist zwar sehr teuer, hat aber ein besonders konzentriertes Aroma. In kleinen Mengen kann man es in einen Kuchenteig oder eine Vinaigrette einrühren.

Sesammus (Tahin) verwendet man im Allgemeinen für herzhafte, oftmals mediterrane Gerichte (gut gewürzt, mit Kichererbsen oder Auberginen). Denn das Mus aus ungeschältem Sesam und das aus einer Mischung von geschältem und ungeschältem schmeckt herb. Das mildere helle Mus aus geschältem Sesam eignet sich hingegen gut für Desserts, etwa mit Honig, Orange oder Schokolade.

Blumenkohl-Erdnuss-Velouté

Für 4 Personen

1 großer Blumenkohl (etwa 1 kg) • 500 ml Sojamilch • 700 ml Gemüsebrühe • 1 gehäufter EL Erdnussmus • 1 TL Koriander, fein gehackt • Salz, Pfeffer

Den Blumenkohl waschen und in Röschen zerteilen. Mit Sojamilch und Gemüsebrühe in einen Topf geben und zum Kochen bringen. Hitze reduzieren und 20 Minuten (leicht sprudelnd) köcheln lassen, bis der Blumenkohl schön weich ist. Das Erdnussmus dazugeben und das Ganze cremig pürieren. Kurz vor dem Servieren salzen, pfeffern und mit Koriander bestreuen.

Vanillecreme mit Mandel

Für 1 Schälchen

2 EL weißes Mandelmus • 3 EL Sojajoghurt • 1 EL Agavendicksaft • 1/2 TL naturreiner Vanilleextrakt

Alle Zutaten miteinander verrühren. Zu Erdbeeren, einem Apfelkuchen oder Kastaniencreme reichen ...

Milchkefir
ZUBEREITEN

Sie mögen Joghurt, haben aber Bedenken, jeden Tag industriell hergestellte Kuhmilchprodukte zu sich zu nehmen? Dann probieren Sie es doch einmal mit Kefir, einer Art Trinkjoghurt: Er ist ausgesprochen bekömmlich und reich an Probiotika, Vitaminen und Enzymen. Und das Beste: Kefir lässt sich ganz einfach (und preiswert) zu Hause selbst zubereiten, aus tierischer oder pflanzlicher Milch.

Milchkefir, bisweilen auch „Milchchampagner" oder „kaukasischer Champagner" genannt, ist ein dickflüssiges, säuerliches, leicht schaumiges Getränk, das durch einen Gärprozess von Milch entsteht. Es erinnert etwas an Trinkjoghurt. Ursprünglich stammt es aus dem Kaukasus, wo Schäfer es bereits vor über 2000 Jahren tranken, um in dem rauen Klima gesund zu bleiben. Mittlerweile ist Kefir in ganz Mitteleuropa äußerst beliebt und wird auch wegen seiner vielfältigen gesundheitlichen Vorzüge geschätzt: Es soll fit halten, das Leben verlängern und verschiedene Krankheiten, darunter Lungenentzündung und sogar Krebs, günstig beeinflussen.

Auch hierzulande, wo Kefir Ende des 19. Jahrhunderts aufkam, erfreut er sich seit einiger Zeit wieder wachsender Beliebtheit, insbesondere bei Rohköstlern und Veganern. Sie können ihn fertig im Bioladen kaufen, aber mit minimalem Aufwand auch selbst herstellen ...

DIE MAGISCHEN KNOLLEN

Zum Fermentieren der Milch (von Kuh, Schaf, Ziege oder auch vegan) verwendet man traditionsgemäß Kefirknollen (eine symbiotische Gemeinschaft von Bakterien und Hefen). Sie sind weiß oder gelblich, sehen aus wie ein kleiner Blumenkohl und erreichen etwa Walnussgröße. In Russland wurden sie von Generation zu Generation weitergegeben, dabei (wie Sauerteig) regelmäßig „gefüttert", damit sie nicht absterben. Wenn die Milch von den Kefirknollen vollständig fermentiert wurde, hat sie sich zu einem probiotischen, vitamin- und enzymreichen Lebensmittel verwandelt, das unsere Verdauung und Darmflora unterstützt (besonders empfehlenswert bei Einnahme von Antibiotika oder bei Darmproblemen).

Kefir wirkt außerdem entgiftend, als Antioxidans und enthält mehr Folsäure und Vitamin B als Joghurt. Auch von Menschen mit Laktoseintoleranz wird er im Allgemeinen gut vertragen, da die Laktose bei der Gärung in Milchsäure umgewandelt wird. Man kann Kefir sogar äußerlich anwenden, um Ekzeme zu behandeln!

KEFIRKNOLLEN ODER FERMENT?

Sie können sich entweder frische Kefirknollen besorgen oder ein Kefirpulver aus gefriergetrockneten Fermenten verwenden, beides bekommen Sie im Online-Handel (siehe Bezugsquellen, Seite 252).

Das **Ferment** ist zwar einfacher in der Handhabung, hat aber den Nachteil, dass es viel weniger unterschiedliche Bakterien- und Hefestämme enthält, also nicht über alle günstigen Eigenschaften der Kefirknollen verfügt. Außerdem lässt es sich nicht vermehren, sodass Sie es immer wieder neu kaufen müssen. Dennoch erhalten Sie ein Getränk, das Kefir geschmacklich nahekommt. Sie rühren das Pulver in ein wenig Milch an, gießen die Mischung in 1 Liter Milch und lassen das Ganze in einem luftdichten Behälter bei Zimmertemperatur 24 Stunden fermentieren. Im Kühlschrank aufbewahren.

Wenn Sie sich an die Zubereitung von richtigem Kefir aus **Kefirknollen** wagen, sollten Sie wissen, dass Sie künftig fast täglich welchen trinken werden, denn Kefir ist nicht lang haltbar. Zudem müssen die Knollen ständig „gefüttert" werden, um zu überleben, und dürfen nicht länger als 1 Woche ruhen. Dafür können Sie daraus auch Quark sowie Frisch- oder Hartkäse herstellen.

Möchten Sie Ihre Kefirknollen lieber aus privater Hand und vielleicht besonders günstig bekommen, können Sie auch jemanden ausfindig machen, der seinen Milchkefir selbst zubereitet und Ihnen etwas von seiner wertvollen Kultur abgibt (achten Sie auf entsprechende Anschläge am Schwarzen Brett Ihres Bioladens). Oder Sie sehen sich einmal auf Online-Marktplätzen um. Ansonsten bestellen Sie Ihre Kefirknollen (auch Kefirkristalle für Wasserkefir oder Kombucha-Pilz) bei einem Online-Anbieter (siehe Bezugsquellen, Seite 252). Dort finden Sie auch tiefgefrorene oder getrocknete Knollen, die Sie allerdings zuerst wiederbeleben müssen, bevor Sie sie nutzen können:

Weichen Sie die Knollen in der doppelten Menge Milch ein, lassen Sie sie bei Zimmertemperatur offen stehen und erneuern Sie die Milch alle 24 bis 48 Stunden, bis sie richtig zu fermentieren beginnt. Jetzt können Sie die Milchmenge steigern.

MILCHKEFIR ANSETZEN

Geben Sie 30 Gramm Kefirknollen in ein sauberes Glasgefäß und gießen Sie ½ Liter Milch dazu, im Sommer etwas mehr, im Winter etwas weniger. Sie können Rohmilch oder pasteurisierte Milch verwenden, am besten in Bio-Qualität. Nun arbeiten die Kefirknollen für Sie: Bedecken Sie das Glas (gegen Staub und Insekten) mit einem Mulltuch, fixiert von einem Gummiband, und lassen Sie es dann 12 bis 24 Stunden bei Zimmertemperatur stehen. Je länger der Gärvorgang dauert, desto dickflüssiger, geschmacksintensiver, säuerlicher und alkoholhaltiger wird der Kefir.*

Spätestens wenn sich der Kefir in die flüssige Molke (unten) und festere Bestandteile (oben) trennt, muss er getrunken werden. Sie brauchen ihn nur noch kräftig umzurühren und durch ein feines Kunststoffsieb (Kefir verträgt sich nicht mit Metall!) abzugießen, um die Knollen aufzufangen. Das Glasgefäß heiß ausspülen und das Ganze wieder von vorn beginnen. Die Kefirknollen nicht abspülen, das verlangsamt nur den Gärprozess. Je mehr Kefir Sie zubereiten, desto mehr wachsen und vermehren sich die Knollen.

Sie können auch Kefir ohne Knollen zubereiten, indem Sie einen Teil der vorigen Produktion (aus der die Knollen entfernt sind) nutzen: Rechnen Sie etwa 1 Esslöffel fermentierte Milch auf 100 Milliliter frische Milch und lassen Sie sie 6 bis 8 Stunden bei Zimmertemperatur stehen.

HINWEISE ZUR HALTBARKEIT

Bereiten Sie nicht zu viel Kefir auf einmal zu: Nach dem Gärprozess hält er sich in einer Glasflasche nur 3 Tage im Kühlschrank. Dagegen können Sie die Knollen im Kühlschrank mehrere Wochen ruhen lassen, wenn Sie sie alle 7 Tage mit frischer Milch bedecken. Wenn Sie über 1 Woche unterwegs sind, haben Sie mehrere Möglichkeiten: Sie übergießen die Knollen mit Kefir und stellen sie luftdicht verschlossen in den Kühlschrank. Sie spülen Ihre Knollen gut ab, trocknen sie auf Küchenpapier gründlich (ruhig mehrere Tage) und geben sie dann in einen luftdichten Behälter. So halten sie sich im Kühlschrank 6 Monate, im Gefrierfach 1 Jahr. Oder Sie geben Ihre Knollen bei einem Freund in Pension; er wird sich freuen, dass er die Produktion in dieser Zeit nutzen kann.

Sollten Ihre Kefirknollen einmal schlecht riechen, spülen Sie sie mehrere Tage hintereinander gut durch, dann können Sie den nächsten Kefir ansetzen. Wenn Ihr Kefir aber muffig riecht, schütten Sie ihn unbedingt weg!

KEFIR-KÄSE UND KEFIR-TOFU HERSTELLEN

Damit keine Langeweile aufkommt (vor allem, wenn Sie täglich Kefir trinken!), können Sie Ihren Milchkefir auch problemlos in Quark oder Frischkäse verwandeln. Und wenn Ihr Kefir schon etwas älter ist, können Sie ohne Weiteres Hartkäse daraus machen: Das ist ganz einfach, sofern man nicht zu sehr in Eile ist.

Um **Quark** herzustellen, warten Sie lange genug, bis die Milch sich wie oben beschrieben in Molke und feste Bestandteile trennt, dann gießen Sie sie durch ein feines Tuch ab und warten, bis die Molke vollständig abgeflossen ist. Das dauert etwa 8 Stunden. Damit Sie die Kefirknollen nicht aus dem Quark fischen müssen, ist es am einfachsten, wenn Sie schon beim Ansetzen des Kefirs die Knollen in ein Gazetuch binden, das Sie vor dem Abgießen ganz leicht entfernen können.

Wenn Sie **Frischkäse** machen wollen, nehmen Sie die Knollen aus Ihrem Kefir heraus, salzen Sie ihn dann nach Geschmack und geben ihn 12 bis 24 Stunden in ein feines Tuch zum Abtropfen. Dieser im Orient *Labneh* genannte Frischkäse schmeckt köstlich mit etwas Olivenöl und frischer Minze oder mit etwas Honig beträufelt.

* Echter Kefir, der mit Kefirknollen zubereitet wurde, enthält bis zu 2 1/2 Prozent Alkohol und ist weitgehend laktosefrei. Industriell hergestellter Kefir („Kefir, mild") verfügt nicht über dieselbe Vielfalt an Bakterien- und Hefestämmen, enthält quasi keinen Alkohol, dafür aber noch etwa 3 bis 4 Prozent Laktose und ist somit bei Laktoseunverträglichkeit nicht zum Verzehr geeignet.

Um aus diesem Frischkäse einen **Hartkäse** zu zaubern, brauchen Sie zunächst einmal besonders viel Kefir, denn selbst 500 Gramm Frischkäse ergeben nur einen sehr kleinen Hartkäse. Geben Sie den Frischkäse in ein feines (Lein-)Tuch und besprenkeln ihn täglich mit Olivenöl und Essig, damit sich an der Oberfläche nicht zu viel Schaum bildet. Sie können ihn dann mehrere Wochen in einem kühlen, gut belüfteten Raum (nicht in der Küche, wegen der Gerüche!) reifen lassen.

Sie können auch **milchsauer vergorenen Tofu** herstellen, wenn Sie Sojamilch einige Stunden gären und anschließend über Nacht abtropfen lassen.

Gibt es auch veganen Kefir?

Sie können Kefir ohne Weiteres aus veganer Milch (Soja-, Mandel-, Kokosnussmilch …) herstellen. Der Vorgang ist derselbe wie mit tierischer Milch, und Sie können die Sorten nach Nährstoffgehalt und Geschmack sogar variieren.

Achtung: Denken Sie daran, dass Ihre Kefirknollen regelmäßig in tierischer Milch liegen müssen, denn sie ernähren sich von Casein (Proteinanteil der tierischen Milch), das sie unbedingt zum Wachsen brauchen!

KEFIR IST NICHT NUR ZUM TRINKEN DA!

Kefir bietet vielfältige Möglichkeiten zum Genießen. Ähnlich wie beim Joghurt können Sie etwas Honig, Vanille oder Zimt untermischen oder ihn mit frischem Obst und etwas Agavendicksaft in einen Smoothie verwandeln. Auch Saucen und Vinaigretten lassen sich daraus zaubern, für einen Blatt- oder Gurkensalat oder für einen Dip zum Aperitif, gewürzt z. B. mit 1 Prise Fleur de sel und frischen Kräutern. Mit ein wenig Crème fraîche verleihen Sie ihm dabei etwas mehr Stabilität und eine sämigere Konsistenz. Kefir schmeckt auch köstlich als Krönung einer Kaltschale oder Suppe (nach dem Kochen dazugeben) und sogar in Gebäck: Er verleiht Kuchen-, Muffin- und Bliniteig nicht nur seine säuerliche Geschmacksnote, sondern macht sie zudem besonders leicht und locker; allerdings werden seine wertvollen Enzyme bei Temperaturen ab 42 °C zerstört. Und warum sollte man Kefir nicht mal in einer Eiscreme probieren, mit frischen Früchten und etwas Agavendicksaft?

Kefir-Orangen-Vinaigrette

Für 2 bis 3 Personen

1 EL Kefir • 1 EL Orangensaft • 2 TL Rapsöl • 1 TL Mirin (oder 1/4 TL Agavendicksaft) • Salz, Pfeffer

Den Kefir mit Orangensaft, Rapsöl und Mirin (oder Agavendicksaft) verrühren. Salzen, pfeffern. Zu einem Chicoréesalat mit Äpfeln, gehackten Mandeln und Koriander reichen.

Honig-Blini mit Orangenblütenwasser

Für 12 Blini

150 ml Kefir • 80 g Weizenmehl Type 550 • 1 EL heller Rohrohrzucker • 2 TL Weinsteinbackpulver • 2 TL flüssiger Honig • 2 TL weißes Mandelmus • 2 EL Orangenblütenwasser • etwas Olivenöl

Den Kefir mit Mehl, Zucker und Backpulver zu einem Teig verrühren. 1 Stunde im Kühlschrank ruhen lassen. Olivenöl in der Pfanne erhitzen. Kleine Teigfladen in die Pfanne setzen, bei sehr geringer Hitze auf jeder Seite 2 bis 3 Minuten braten. Honig und Mandelmus verrühren, das Orangenblütenwasser dazugeben und zusammen mit den Blini servieren.

Gut zu wissen: Kefir ist ein wunderbarer Verbündeter bei Verdauungsproblemen ... Man kann ihn sogar seinen individuellen Bedürfnissen anpassen: Während Kefir nach 24 Stunden Gärzeit eine abführende Wirkung hat, bewirkt der über 48 Stunden fermentierte eher das Gegenteil. Wenn er sich tatsächlich auf die Darmtätigkeit auswirken soll, muss Kefir 2 Wochen lang täglich getrunken werden. Kefir hilft auch kleinen Kindern, wenn man sie vorzugsweise mit sanften, natürlichen Methoden behandeln möchte ...

Erdbeerkefir

1 Beutel Kefirpulver (Ferment) • 1 l Milch • 80 g Erdbeeren • 2 TL Agavendicksaft • 5 Blätter frische Minze

❶ Zuerst das Pulver mit ein wenig Milch anrühren und ganz auflösen, dann erst die Mischung in 1 Liter Milch gießen.

❷ 24 Stunden bei Zimmertemperatur in einem abgedeckten Glasgefäß stehen lassen. Den Kefir vor der Verwendung schütteln.

3 250 Milliliter fertigen Kefir mit Erdbeeren, Agavendicksaft und Minzblättern im Mixer pürieren. Gut gekühlt servieren.

Tipp: Mögen Sie einen intensiven Geschmack und eine sämigere Konsistenz, dann verwenden Sie am besten Frischmilch.

GEMÜSE fermentieren

Die Milchsäuregärung ist die Grundlage von Joghurt, Miso, Kefir und Sauerteig ... Aber auch Gemüse lässt sich fermentieren: So können Sie es haltbar machen und monatelang aufbewahren, ganz ohne Konservierungsstoffe und sogar ohne jede Beeinträchtigung seines Nährwerts – ganz im Gegenteil! Jeder kennt Sauerkraut und Gewürzgurken, die bekanntesten Varianten. Sie können allerdings noch ganz andere Köstlichkeiten auf diese Weise zubereiten ...

Wenn man Gemüse unter Luftabschluss (hier: in Wasser) zusammen mit einem bestimmten Anteil Salz stehen lässt, vermehren sich die außen auf dem Gemüse befindlichen Milchsäurebakterien deutlich. Sie sorgen für eine Säuerung des Milieus, in dem sich wiederum keine Fäulnisbakterien entwickeln können. Das ist schon die ganze Milchsäuregärung. Erst wenn das Milieu einen pH-Wert von ungefähr 4 erreicht, werden auch die Milchsäurebakterien gehemmt. Sie vermehren sich nicht weiter und die Gärung kommt zum Stillstand. Das Produkt ist stabil und kann monate- oder sogar jahrelang aufbewahrt werden.

Die meisten Gemüsesorten wie Kohl, Rote Bete, Paprika, Gurke, Schalotte (die Kartoffel ist eine seltene Ausnahme), aber auch Zitrusfrüchte lassen sich milchsauer fermentieren: Eingelegte Zitronen, die häufig in marokkanischen oder algerischen Tajines Verwendung finden, werden nicht mit Zucker, sondern durch Milchsäuregärung konserviert.

Überall auf der Welt gibt es traditionelle Rezepte mit milchsauer vergorenen Lebensmitteln: Miso und Shoyu in Ostasien, Kefir im Kaukasus, Kimchi in Korea ... Bei uns sind Dickmilch und Käse milchsauer vergorene Speisen.

DAS GEMÜSE ANSETZEN

Damit die Fermentation gelingt, müssen drei Bedingungen erfüllt sein:

- kein Kontakt zu Sauerstoff (anaerobes Milieu);
- eine Salzkonzentration zwischen $^1/_2$ und $1^1/_2$ Prozent;
- 2 Tage lang eine Temperatur zwischen 18 und 22 °C, dann mehrere Wochen lang um die 15 °C.

Die einfachste Methode: Sie zerkleinern das Gemüse, indem Sie es in dünne Scheiben schneiden oder hobeln, und vermischen es mit Salz und aromatischen Kräutern (nach Geschmack). Dann schichten Sie es sehr fest (immer wieder zusammenpressen) in ein Schraubglas (bis ein paar Zentimeter unter den Rand), sodass keine Luft zwischen die Gemüseschichten kommen kann. Falls das Salz nicht schon genug Flüssigkeit gezogen hat, bedecken Sie es abschließend mit Wasser und decken das Gefäß ab, ohne es luftdicht zu verschließen. Man kann das Gemüse auch in das Glas schichten und mit Salzlake (30 Gramm Salz pro Liter Wasser) übergießen, bevor man es zumacht.

Dann bewahren Sie das Gefäß 2 Tage bei 18 bis 22 °C auf, damit sich die Milchsäurebakterien vermehren können. Danach stellen Sie es für den Säuerungsprozess 2 bis 3 Wochen in einen kühlen Raum (um die 15 °C): Die Fermentation ist beendet, wenn keine Bläschen mehr zur Oberfläche aufsteigen. Anschließend können Sie Ihr fermentiertes Gemüse bei 0 bis 10 °C viele Monate lagern.

UND NUN ETWAS GENAUER

Bio-Gemüse wird von mehr Milchsäurebakterien besiedelt, es enthält aber auch mehr Vitamine, Mineralstoffe und Zucker, von dem diese sich ernähren. Mit Produkten aus konventionellem Anbau ist die Fermentation längst nicht so wirkungsvoll, weil Pestizide die erwünschten Bakterien weitgehend abtöten.

Nehmen Sie vorzugsweise Meersalz; es ist reicher an Mineralstoffen und Spurenelementen. Außerdem gilt: Je feiner das Gemüse geschnitten ist (geraspelt, gehobelt oder in ganz kleinen Stücken), desto mehr Zucker wird bei der Gärung freigesetzt. Das Salz lässt Wasser aus dem Gemüse austreten und deaktiviert die für die Fäulnis des Gemüses verantwortlichen Enzyme. Je höher der Salzanteil, desto knackiger ist das Gemüse und umgekehrt.

Ebenso wie beim Keimen, bei der Herstellung von Kefir und anderen „lebendigen" Nahrungsmitteln ist es ratsam, kein gechlortes Leitungswasser zu verwenden, es sei denn, Sie filtern es oder kochen es ein paar Minuten lang ab. Geben Sie Quellwasser den Vorzug!

Früher schichtete man das Gemüse in große Steinguttöpfe, bedeckte es mit einem tuchumwickelten Holzbrett und beschwerte das Ganze mit Steingewichten, die als Presse fungierten: Mit fortschreitendem Gärprozess wurde das Gemüse unter dem Gewicht zusammengedrückt, während zugleich immer mehr Flüssigkeit austrat. Dieses Verfahren funktionierte zwar hervorragend, erforderte aber auch bei jeder Entnahme hygienisch einwandfreies Vorgehen – für uns also nicht so praktisch. Heutzutage gibt es stattdessen Einmachgläser mit Bügel- oder Schraubverschluss, die Sie problemlos nach Bedarf öffnen können.

Außerdem sind speziell für die milchsaure Fermentierung auch Gärtöpfe mit Wasserrinne auf dem Markt: Ihr Deckel liegt in einer Rinne, die stets mit Wasser gefüllt sein muss. So dringt einerseits keine Luft in den Topf, die dem Gärprozess schadet, und dennoch kann das entstehende Kohlendioxid entweichen. Für welches Gefäß Sie sich auch entscheiden – auf jeden Fall müssen Sie es vor dem Befüllen mit kochendem Wasser ausspülen!

Füllen Sie Ihre Gläser nur bis ein paar Zentimeter unter den Rand, denn die Bläschen, die sich während des Gärvorgangs bilden, lassen den Flüssigkeitspegel ansteigen – Überschwemmungen sind damit vorprogrammiert. Deshalb ist es auch ratsam, die Gläser während der Fermentation auf ein Geschirrtuch oder in einen größeren Behälter zu stellen. Verschließen Sie Ihre Gefäße keinesfalls luftdicht, sie könnten zerspringen!

Falls Sie keinen kühlen Keller o. Ä. zur Lagerung haben, bewahren Sie Ihr milchsauer vergorenes Gemüse einfach unten im Kühlschrank auf. Das wäre zwar schade, ist aber genauso möglich. Auch wenn Sie es wärmer lagern müssen, wird das für die Haltbarkeit unproblematisch sein – Ihr Gemüse wird dadurch nur etwas säuerlicher im Geschmack. Wenn Sie andererseits für die ersten Tage keinen warmen Ort (18 bis 22 °C) zur Verfügung haben, können Sie den Gärprozess auch in einem kühlen Raum (aber nicht im Kühlschrank) in Gang setzen, er dauert dann nur viel länger.

MEINE EMPFEHLUNGEN

Sie können Ihr Gemüse auch mit einer Starterkultur aus Milchsäurebakterien beimpfen, etwa mit Molke aus Kefir oder Quark oder milchsauer vergorenem Gemüsesaft aus einem früheren Ansatz. So bleibt das Gemüse schön knackig und Ihr Gärgut erhält eine besondere Geschmacksnote. Zudem gibt es Starterkulturen (Ferment) zu kaufen (siehe Bezugsquellen, Seite 252), die Sie in pasteurisierter Milch anrühren, etwa 10 Stunden bei Zimmertemperatur ruhen lassen und dann dem gärenden Gemüse beifügen. Außerdem können Sie die Vermehrung der Milchsäurebakterien beschleunigen, indem Sie Ihrem Gärgut vollreife Tomaten beigeben – diese unterstützen das Wachstum der Bakterien zusätzlich.

FERMENTIEREN FÜR IHRE GESUNDHEIT

Wie alle fermentierten Produkte ist milchsauer vergorenes Gemüse ein besonders gesundheitsförderndes Nahrungsmittel, reich an Enzymen, die der Verdauung guttun und die Entwicklung einer gesunden Darmflora fördern – notwendige Voraussetzung für ein intaktes Immunsystem und damit einen guten allgemeinen Gesundheitszustand. Die Milchsäuregärung scheint sogar den Vitamingehalt, insbesondere den von B und C, zu erhöhen: Kohl enthält doppelt so viel Vitamin C, wenn er fermentiert und zu Sauerkraut geworden ist! Früher war milchsauer vergorenes Gemüse übrigens die perfekte Möglichkeit, sich auch im Winter mit Vitamin C zu versorgen.

HINWEISE ZUR VERWENDUNG

Durch die milchsaure Fermentierung entfalten sich die Aromen der Nahrungsmittel und nehmen zugleich einen leicht pikanten, säuerlichen Geschmack an. Milchsauer vergorenes Gemüse verzehren Sie am besten in kleinen Mengen, 1 oder 2 Esslöffel bei jeder Mahlzeit, z. B. in einem Rohkostsalat.

Achtung: Milchsauer vergorenes Gemüse ist sehr empfindlich. Erhitzen Sie es nicht zu sehr (nicht über 42 °C), sonst werden seine wertvollen Enzyme zerstört! Sie können mit dem Entsafter auch leckere rohe Säfte daraus machen (Apfel–Karotte, Rote Bete …) oder sogar den Gärsaft in Wasser verdünnt trinken oder in einer Vinaigrette verwenden.

Gut zu wissen: Wenn Sie unsicher sind, ob Ihr milchsauer vergorenes Gemüse noch in Ordnung ist, riechen Sie daran oder probieren Sie es: Bei einer **misslungenen Fermentation** riecht das Gemüse faulig und schmeckt schimmelig. Dann besteht kein Zweifel! Sie müssen alles sofort wegwerfen und Ihr Gefäß mit kochendem Wasser gründlich ausspülen. Wenn sich nach mehreren Monaten auf der Oberfläche eine weiße Schicht gebildet hat, ist das allerdings kein Grund zur Panik. Sie entfernen diese Ablagerung (es handelt sich um Kahmhefe) großzügig und können Ihr Gemüse wie gewohnt genießen.

Milchsäure hat nichts mit Laktose zu tun. Für Menschen mit einer **Laktoseintoleranz** oder Milchallergie sind milchsauer vergorene Produkte absolut unbedenklich.

Tipp: Stellen Sie das Gefäß vor dem Öffnen für ein paar Stunden in den Kühlschrank, damit es nicht wie eine Sektflasche überschäumt!

Eingelegte Zitronen

Für 1 großes Glas

8 Bio-Zitronen • 250 g Meersalz • 1 l (Quell-)Wasser

Die Zitronen waschen, abbürsten und kreuzweise einschneiden. In ein großes Einmachglas schichten, sodass wenig Luft dazwischen bleibt, aber ohne sie hineinzudrücken. Das Salz mit dem Wasser in einem Topf unter Rühren leicht erwärmen, damit es sich gut auflöst. Abkühlen lassen und über die Zitronen gießen. Glas fest verschließen und bis zum Verzehr mindestens 3 Monate kühl stellen. Abgespült kann man die Zitronen einem Salat, einer Gemüsepfanne oder einer Tajine beigeben.

Fermentiertes Ketchup

Für 1 Tasse

175 g Tomatenmark (ungesalzen) • 1 TL Apfelessig • 2 TL Molke (oder ein anderes Ferment) • 2 TL Ahornsirup • 1 gestrichener TL Salz • 2 Prisen Cayennepfeffer • 2 Prisen Quatre-épices • 2 Prisen gemahlene Gewürznelken • 2–3 EL (Quell-) Wasser

Alle Zutaten gut verrühren und mit dem Quellwasser bis zur gewünschten Konsistenz verlängern. 2 bis 3 Tage in einem Schraubglas bei Zimmertemperatur gären lassen, dann kühl stellen.

Apfelsauerkraut mit Kümmel

Für etwa 1 Kilogramm rohes Sauerkraut

1 fester Weißkohlkopf (etwa 1 kg) • 4–6 TL Meersalz • 2 TL Kümmelsamen • 1 TL Wacholderbeeren • 2–3 Äpfel

❶ Die äußeren Blätter des Kohlkopfs (ein großes beiseitelegen) entfernen. Kopf halbieren, waschen und den Strunk entfernen. In dünne Streifen schneiden.

❷ Äpfel waschen, entkernen und in dünne Scheiben schneiden. Den Boden eines großen Einmachglases mit Salz bestreuen, eine Schicht Kohl darauflegen und kräftig andrücken, damit Flüssigkeit austritt. Etwas Salz, Gewürze und Apfelscheiben daraufgeben. So lange wiederholen, bis die Zutaten aufgebraucht sind (ein paar Zentimeter bis zum Rand des Glases freilassen), und mit dem großen Kohlblatt abschließen. Das Glas abdecken und 2 Tage bei 20 °C, dann 2 Wochen bei 15 bis 18 °C stehen lassen. Das Gärgut muss ständig von Flüssigkeit bedeckt sein; sollte das nicht der Fall sein, etwas Salzlake (1 Teelöffel Salz auf 1 Liter Wasser) dazugeben.

❸ Kühl stellen und so oder, wenn man es milder mag, abgespült und abgetropft servieren.

Vegane Mayonnaise MIXEN

Herkömmliche Mayonnaise ist vielen von uns einfach zu gehaltvoll und schwer verdaulich ... Da kommt die vegane Küche gerade recht! Hier ein paar Vorschläge, wie Sie Eier ersetzen oder die Ölmenge reduzieren können – und dem Original in Geschmack, Konsistenz und Farbe sehr nahe kommen.

Hausgemachte Mayonnaise besteht normalerweise aus Eigelb, etwas Senf, 1 Spritzer Essig oder Zitronensaft und viel Öl. Nichts wirklich Schlimmes, aber sie liegt eben oft schwer im Magen, vor allem, wenn man sie zusammen mit hart gekochten Eiern (!) isst. Kein Kommentar zu den industriell gefertigten Produkten, die Zucker, Verdickungsmittel sowie Farb- und Konservierungsstoffe enthalten, damit sich die Mayonnaise auch nach dem Öffnen des Glases noch mehrere Wochen hält!

Wenn Sie trotz allem für „echte" Mayonnaise schwärmen, nehmen Sie wenigstens Bio-Eier, und zwar so wenig wie möglich (mit einem einzigen Eigelb lassen sich angeblich 24 Liter Mayonnaise herstellen!) und nutzen Sie die Gelegenheit, durch sorgsam ausgewählte Pflanzenöle ungesättigte Fettsäuren zu tanken. Wenn Sie aber Ihren Cholesterinspiegel im Blick behalten wollen oder auch einfach nur Lust auf Neues, auf Überraschungen haben, dann versuchen Sie es doch einmal mit gesünderen Varianten. Von der, die Ihnen am besten schmeckt, bewahren Sie ein Glas im Kühlschrank auf. Wegen ihrer rein pflanzlichen Zusammensetzung halten sich diese Mayonnaisen problemlos ein paar Tage, ja sogar Wochen.

MAYONNAISE OHNE EIER ... UND MANCHMAL SOGAR FAST OHNE ÖL!

Bei einer Mayonnaise ohne Eier sind viele Leute skeptisch ... Dennoch ist das möglich und oft sogar noch leichter zu machen als das Original! Technisch gesehen, ist eine Mayonnaise eine Mischung aus Öl und Wasser (aus dem Ei, dem Essig und/oder dem Zitronensaft), die durch das Lezithin aus dem Eigelb homogen wird. Lezithine sorgen für das Emulgieren von Zutaten wie Fett und Wasser, die sich ohne eine solche Hilfe nicht vermischen. Um also eine vegane Mayonnaise zuzubereiten, brauchen Sie nur das Eigelb durch einen proteinreichen pflanzlichen Emulgator (Sojaprodukte, Samenmuse) zu ersetzen, den Sie mit Senf sowie mit Zitronensaft oder Apfelessig aromatisieren (hilft auch beim Verdicken der Mayonnaise) und mit Pflanzenöl verlängern.

Wählen Sie bevorzugt ein relativ geschmacksneutrales Öl (Sonnenblumen-, Traubenkernöl), dem Sie gegebenenfalls ein aromatischeres Öl (Oliven-, Haselnuss-, Kürbiskernöl) oder eins mit ernährungsphysiologisch besonders günstiger Zusammensetzung (Nachtkerzen-, Leindotteröl ...) beimischen. Mit Raps- und Weizenkeimöl, in kleinen Dosen verwendet, können Sie Ihre Mayonnaise leicht goldgelb färben.

Wenn Sie den Fettanteil reduzieren möchten, verwenden Sie stattdessen ein Lebensmittel mit kompakter Konsistenz als Grundlage (Kartoffel, Avocado, Tofu), das nicht mit einer großen Menge Öl aufgeschlagen werden muss. Auch Seidentofu eignet sich erstaunlich gut, da er nach ein paar Stunden Kühlung den Saucen eine luftige, fast schaumige Konsistenz verleiht. Hier einige Rezeptideen für Mayonnaise:

Mit Cashewmus – Die Einfache

1 Esslöffel Cashewmus mit 2 Esslöffeln Sojajoghurt, 2 Teelöffeln Senf und 1 knappen Teelöffel Apfelessig verrühren. Salzen, pfeffern.

Mit Kartoffeln – Die Rustikale

150 Gramm dampfgegarte Kartoffeln mit 60 Millilitern Sojamilch, 2 Esslöffeln Öl nach Wahl, 2 Esslöffeln Sojajoghurt und 1 Prise Salz zu einer glatten, homogenen Creme pürieren. 2 Esslöffel Zitronensaft und 2 Esslöffel Apfelessig dazugeben, erneut mixen. Die Mayonnaise in ein Schraubglas füllen, in den Kühlschrank stellen und mindestens 2 Stunden fest werden lassen.

Mit festem Tofu – Die Proteinreiche

225 Gramm festen Tofu mit 3 Esslöffeln Öl nach Wahl, 1 Esslöffel Apfelessig, 1 Esslöffel Zitronensaft, 2 Teelöffeln Senf, 2 Prisen Salz und 100 Millilitern Wasser pürieren. In einem luftdichten Behälter im Kühlschrank aufbewahren.

Mit Seidentofu – Die Leichte

150 Gramm Seidentofu mit 1 Esslöffel Rapsöl pürieren. 2 Teelöffel Senf dazugeben, erneut mixen, salzen, pfeffern und mindestens 4 Stunden im Kühlschrank fest werden lassen.

Mit Avocado – Die Originelle

1 reife Avocado, 1 Teelöffel Senf, 2 Teelöffeln Apfelessig und 1 Esslöffel Öl nach Wahl pürieren.

Tipps: Es gibt auch vegane Mayonnaisen mit Linsen, Sonnenblumenkernen ... Werden Sie ruhig selbst kreativ und kreieren Sie Ihre eigenen Rezepte!

Pflanzliche Mayonnaise sieht bisweilen etwas blass aus. Für einen schönen goldgelben, „täuschend echten" Farbton können Sie Ihrer Zubereitung 1 Prise Kurkumapulver, Safran oder Paprikapulver beimischen.

Ein veganer Allrounder
Mayonnaise, ob vegan oder nicht, ist natürlich nicht wegzudenken bei hart gekochten Eiern und Sandwiches. Aber Sie können auch einen Dip zum Aperitif daraus machen (geben Sie etwas zerdrückten Knoblauch, Tamari, aromatische Kräuter oder Gewürze dazu), ein Crêpe (köstlich mit Rohkost oder Ofengemüse) oder einen Veggie-Burger damit verfeinern oder sie zu einem Seitan-Steak servieren.

Mit Sesam – Die Exotische

2 Teelöffel Sojajoghurt mit 1 Teelöffel hellem Sesammus (Tahin aus geschältem Sesam), 1 Teelöffel Senf, 1 Teelöffel Zitronensaft und 1 Prise Salz verrühren. 150 Milliliter Öl Ihrer Wahl langsam dazugießen und die Masse dabei gut aufschlagen.

Vegane Béchamelsauce
KOCHEN

Béchamelsauce schmeckt lecker, passt bestens in einen Auflauf oder eine Lasagne, ist aber auch ganz schön gehaltvoll – und sie gelingt oft gar nicht so leicht ... Ganz anders die vegane Béchamelsauce: Man zaubert sie aus nur drei Zutaten und sie lässt sich für (fast) jedes Gericht verwenden, weil sie absolut anpassungsfähig ist!

Eine herkömmliche Béchamelsauce wird aus Butter, Weizenmehl und Milch zubereitet. Nicht gerade günstig, wenn Sie hoch erhitzte Butter (schlechter verdaulich als frische Butter und ab 120 °C toxisch), Gluten oder Milchprodukte vermeiden wollen. Aber Sie können diese Zutaten problemlos durch entsprechende pflanzliche Produkte oder durch glutenfreies Mehl ersetzen und dabei ein ebenso cremiges und schmackhaftes Ergebnis erzielen ...

DIE BUTTER ERSETZEN

Vor dem Zugeben der Milch wird aus Butter und Mehl eine Mehlschwitze zubereitet, doch genauso gut können Sie die Butter durch pflanzliches Fett ersetzen.

Mein Lieblingsfett ist Olivenöl, es ist ziemlich neutral im Geschmack (der verfliegt beim Braten) und verträgt Temperaturen um 200 °C, aber Sie können auch andere hitzebeständige Pflanzenöle (High-Oleic-Sonnenblumen-, Raps-, Traubenkern-, Kokosnuss-, Erdnussöl) verwenden.

Achtung: Sogenannte native Olivenöle aus erster Kaltpressung (die Sie überwiegend im Schrank haben sollten) vertragen nur niedrige Temperaturen. Lesen Sie also die Etiketten genau! Das Öl können Sie auch durch Nuss- oder Samenmuse ersetzen, um der Béchamelsauce ein besonderes Aroma und eine sämige Konsistenz zu verleihen – allerdings gebe ich sie erst am Schluss dazu, denn sie trocknen schnell aus und das Kochen tut ihnen nicht so gut.

DAS WEIZENMEHL ERSETZEN

Da Béchamelsauce eine Zubereitung ist, die nicht quellen muss und keine besonderen Bindemittel braucht, können Sie anstelle des weißen Weizenmehls, das quasi keine Vitalstoffe enthält, ein weniger ausgemahlenes oder ein glutenfreies Mehl nehmen. Sie sollten allerdings wissen, dass die Sauce dann etwas länger zum Eindicken braucht. Verwenden Sie halbweißes oder Vollkorn-Weizenmehl (enthält mehr Ballast- und Mineralstoffe), Einkornmehl (sein Gluten ist besser verdaulich, sein Aroma rustikaler), Vollkorn-Reismehl (gut verdaulich und leicht) oder Mehle mit ausgeprägterem Charakter (Buchweizen-, Kastanien-, Quinoamehl). Es ist auch interessant, Getreidemehl und Sojamilch oder Mehl aus Hülsenfrüchten und Getreide- oder Nussmilch zu kombinieren, um von vollständigen Proteinen zu profitieren.

Denken Sie auch daran, dass einige Mehle, etwa Kichererbsenmehl, viel Flüssigkeit „schlucken"; daher müssen Sie eventuell etwas mehr Milch in Ihre Béchamelsauce geben. Ihr Mehl können Sie auch durch Stärke ersetzen (Mais-, Kartoffel-, Pfeilwurzelstärke), das funktioniert genauso und macht die Sauce leicht.

DIE KUHMILCH ERSETZEN

Für Béchamelsauce ist die am besten geeignete vegane Milch die Sojamilch, die sich für alle salzigen Zubereitungen anbietet. Aber Sie können sich auch für süßere Sorten wie Reis-, Mandel-, Kastanien- oder Hafermilch entscheiden, vor allem, wenn Sie Ihre Béchamelsauce in einem Dessert verwenden. Natürlich können Sie für etwas zusätzlichen Geschmack die Sojamilch auch mit einer anderen Milch mischen. Statt Milch können Sie auch Gemüsebrühe verwenden; das ergibt eine aromatische, aber hellere und flüssigere Sauce. Sie eignet sich eher für Gerichte, zu denen keine allzu sämige Béchamelsauce passt, und wegen der geschmacklichen Harmonie besonders für Gemüsegerichte.

Welche Zutaten Sie auch immer auswählen: Damit eine Béchamelsauce gelingt, ist der thermische Schock zwischen der Mehlschwitze und der Flüssigkeit ausschlaggebend. Ersteres muss heiß, letzteres richtig kalt sein. Nehmen Sie die Milch also erst im letzten Moment aus dem Kühlschrank und gießen Sie sie nach und nach in die kochend heiße Öl-Mehl-Mischung, rühren Sie dabei kräftig, um die Klümpchen aufzulösen, die sich eventuell gebildet haben. Rühren Sie ununterbrochen bei geringer Hitze weiter (je nach gewünschter Konsistenz mehr Milch zugießen), bis die Sauce einen Holzlöffel dünn bedeckt. Das dauert etwa 5 bis 10 Minuten.

Grundrezept

Für 4 Personen

2 EL Olivenöl • 3 EL Weizenmehl Type 550 • 400 ml Sojamilch • Salz, Pfeffer

In einem Topf das Olivenöl erhitzen, dann das Mehl einrieseln lassen und 1 bis 2 Minuten beständig rühren, bis sich die Mischung goldgelb färbt und leicht trocken wird. Die kalte Milch nach und nach zugießen und bei geringer Hitze rühren, bis die Sauce die gewünschte Konsistenz hat. Salzen, pfeffern und mit den gewählten Zutaten würzen.

MEINE EMPFEHLUNGEN

Zumeist wird die Béchamelsauce am Ende der Kochzeit mit 1 Prise frisch geriebener Muskatnuss aromatisiert, aber Sie können durchaus noch Gewürze (Curry, Quatre-épices ...) dazugeben sowie frische oder getrocknete Kräuter (Rosmarin, Schnittlauch), etwas Nussmus (Cashew-, Sesammus), Heflocken für eine überraschende Käsenote oder einen Rest Gemüsepüree (Karotten-, Hokkaido-Kürbis-, Brokkolipüree). Und warum nicht auch einmal die Sauce mit etwas Rote-Bete-Saft oder 1/2 Teelöffel Kurkuma einfärben? Wenn Sie etwas Knoblauch oder Zwiebeln dazugeben möchten, schneiden Sie sie sehr fein und geben Sie sie gleich zu Beginn mit dem Öl in den Topf, damit die Sauce ihr Aroma annimmt.

Blumenkohl-Gorgonzola-Auflauf

Für 4 Personen

1 großer Blumenkohl (etwa 1 kg) • 2 EL Olivenöl • 3 EL Weizenmehl Type 550 • 350 ml Sojamilch • 50 g Gorgonzola • 1 EL Paniermehl

Backofen auf 180 °C (Umluft: 150 °C) vorheizen. Den Blumenkohl waschen, in Röschen zerteilen und 20 Minuten dampfgaren oder dünsten, bis sie schön weich sind. Aus Olivenöl, Mehl und Sojamilch eine Béchamelsauce zubereiten, vom Herd nehmen, den in Stücke geschnittenen Gorgonzola hineingeben und gut umrühren. Den Blumenkohl abtropfen lassen und mit der Béchamelsauce vermengen, dabei grob zerdrücken, in eine Auflaufform geben und mit Paniermehl bestreuen. 30 Minuten in den Backofen stellen.

Das Béchamelsaucen-SOS!

Wie dicke ich die Sauce an?
Je nach dem Verhältnis von Mehl und Flüssigkeit erhalten Sie eine mehr oder weniger sämige Béchamelsauce: Für eine dickflüssigere Sauce verringern Sie die Flüssigkeitsmenge etwas. Ein sämigeres Resultat erhalten Sie auch, wenn Sie die fertige Sauce noch ein paar Minuten bei geringer Hitze eindicken lassen.

Meine Béchamelsauce will nicht dickflüssig werden!
Rühren Sie in einer kleinen Schüssel etwas Stärke oder Mehl mit Milch an und geben Sie diese Mischung unter sanftem Rühren zur Béchamelsauce.

Es sind noch Klümpchen drin ...
Die Béchamelsauce am besten kurz mit dem Pürierstab durchquirlen, damit sie schön glatt und cremig wird.

Apfel-Rhabarber-Auflauf mit Mandelmilch

Für 4 Personen

3 Stangen Rhabarber • 2 EL heller Rohrohrzucker • 2 EL Wasser • 1 Apfel • 1 EL Olivenöl • 2 gestrichene EL Pfeilwurzelstärke • 300 ml Mandelmilch

Backofen auf 170 °C (Umluft: 150 °C) vorheizen. Den Rhabarber schälen und in 1 Zentimeter große Stücke schneiden. Mit 1 Esslöffel Rohrohrzucker und dem Wasser in einen Topf geben, 10 Minuten unter gelegentlichem Rühren garen. Apfel waschen, entkernen und in kleine Stücke schneiden. Den gegarten Rhabarber mit den Apfelstücken in eine Auflaufform füllen. Aus Olivenöl, Pfeilwurzelstärke und Mandelmilch eine dickflüssige Béchamelsauce zubereiten, den restlichen Zucker hineingeben und gut durchrühren. Über das Obst gießen, grob vermengen und im Backofen 25 Minuten backen.

Mangold-Ricotta-Lasagne mit Sesam-Béchamelsauce

Für 4 Personen

600 g Mangold • 3 EL Olivenöl • 250 g Ricotta • 2 EL ungeschälte Sesamsamen • 3 EL Einkornmehl • 500 ml Sojamilch • 1 EL helles Sesammus • 6–8 Lasagneblätter • Salz, Pfeffer

1. Den Mangold waschen, in 1 Esslöffel Olivenöl 5 Minuten unter häufigem Rühren braten, dann mit dem Messer grob hacken. Mit dem Ricotta vermengen, salzen, pfeffern. Die Sesamsamen kurz rösten.

2. Aus dem restlichen Olivenöl, dem Einkornmehl und der Sojamilch eine Béchamelsauce zubereiten. Salzen, pfeffern, das helle Sesammus dazugeben und gut durchrühren.

3. Den Boden einer leicht geölten Auflaufform mit 2 Lasagneblättern auslegen, eine Schicht Béchamelsauce und die Hälfte der Mangoldmasse daraufgeben, mit Sesamsamen bestreuen.

3

4 Den Vorgang wiederholen; mit einer Schicht Lasagneblättern, mit Béchamelsauce überzogen und mit Sesam bestreut, abschließen. Im Backofen 30 Minuten bei 180 °C (Umluft: 150 °C) garen.

Ihre Lasagne wird durch eine vegane Béchamelsauce leichter, schmeckt aber genauso lecker!

Veganen Käse ZUBEREITEN

Die vegane Küche kann (fast) alles! Wusssten Sie schon, dass es auch Käse als vegane Variante gibt? Mit fermentierten Produkten und kleinen aromagebenden Beigaben ist es möglich, veganen Käse für jeden Geschmack und in jeder Konsistenz zuzubereiten. Sie können ihn überall und für jeden Zweck einsetzen: aufs Brot, zum Schmelzen, für Käsewürfel ...

Konventioneller Käse wird aus geronnener und eventuell fermentierter tierischer Milch gemacht. Nicht so der vegane Käse, der seinem Vorbild vor allem geschmacklich nahekommen soll. Bei seiner Zubereitung werden deshalb teils ungewöhnliche Wege beschritten – mit allen möglichen typisch veganen Zutaten. In den USA, wo die vegane Ernährungsweise schon seit Jahren äußerst angesagt ist, gibt es verschiedenste Rezepte für veganen Käse aus zum Teil überraschenden Zutaten. In Frankreich und Deutschland dagegen, wo diese Praxis noch nicht so verbreitet ist, sind es im Wesentlichen einige wenige Zutaten, die – unterschiedlich verarbeitet – zu einem Ergebnis führen, das sich an die großen Klassiker der Käsekultur anlehnt ...

Die beiden am häufigsten verwendeten Grundzutaten von veganem Käse sind Nüsse bzw. Ölsaaten sowie proteinreiche Produkte (Tofu, Tempeh). Sie müssen ihnen nur noch die gewünschte Konsistenz geben und sie mit klug ausgewählten Würzmitteln aromatisieren.

DIE WICHTIGSTEN ZUTATEN

Tofu hat den Vorteil, dass er relativ geschmacksneutral ist und zudem in sehr unterschiedlicher Konsistenz zu bekommen ist – das ermöglicht zahlreiche Varianten.

Als *Seidentofu* ist er die ideale Grundlage für einen veganen Frischkäse: Sie brauchen ihn nur noch mit ein paar Kräutern, etwas zerdrücktem Knoblauch und 1 Prise Fleur de sel zu vermischen. Mit hausgemachtem Tofu, für bessere Stabilität leicht gepresst, schmeckt das natürlich noch besser!

Seine geschmeidige Konsistenz können Sie aber auch für andere Käsesorten nutzen, etwa für einen Mozzarella aus Seidentofu, einen „Sojarella“: Kochen Sie etwas Sojamilch mit Agar-Agar auf, pürieren Sie das Ganze mit Seidentofu, etwas Zitronensaft und anderen Aroma spendenden Zutaten Ihrer Wahl und gießen Sie die Mischung in eine mit Frischhaltefolie ausgekleidete Schale. Wickeln Sie die Mischung fest in die Folie ein, formen Sie das Säckchen zu einer Kugel und lassen Sie diese im Kühlschrank einige Stunden fest werden. Sie müssen den Sojarella dann nur noch aus der Form nehmen, in Scheiben schneiden und mit etwas Olivenöl beträufeln. Sehr lecker in einem Tomatensalat.

Fester Tofu gleicht veganem Hartkäse: Schneiden sie ihn in Würfel, bevor Sie ihn in etwas Walnussöl und einer Spur Miso marinieren; dann können Sie Käsespieße zum Aperitif daraus machen (mit Cocktailtomaten, Backpflaumen, gegrilltem Paprika ...). Oder Sie pürieren ihn mit Gewürzen Ihrer Wahl und mischen ihn mit etwas Sojamilch, die 30 Sekunden mit Agar-Agar aufgekocht wurde, zu einem Käse mit Samen (Mohn-, Kreuzkümmelsamen) oder Kräutern (Thymian, Kräuter der Provence ...).

Mit *milchsauer vergorenem Tofu* kommen Sie herkömmlichem Käse geschmacklich am nächsten: In einem Auflauf, auf Minispießen oder mit Kräutern und ein wenig Knoblauch zerdrückt, benötigt er fast keine zusätzliche Würze mehr.

Tempeh, ein Produkt aus fermentiertem Soja, das Sie problemlos im Bioladen bekommen, bildet durch sein ganz eigenes, walnuss- und pilzähnliches Aroma ebenfalls eine sehr gute Grundlage für veganen Käse. Es ist ideal, um zu Weichkäse, wie einem Brie oder Camembert verarbeitet zu werden: Vor der Verwendung sollten Sie Tempeh 15 Minuten dampfgaren.

Nüsse, Kerne und Ölsaaten sind eine wahre Fundgrube für die Zubereitung von veganem Käse: Ob roh, gekeimt oder als Mus – sie passen sich allen Wünschen an und verleihen Ihren Kreationen eine cremige Konsistenz. Am besten eignen sich Cashewkerne und Mandeln, aber Sie können natürlich auch Mischungen aus Sesam, Hasel- oder Erdnüssen ausprobieren. Einfach mit etwas Salz und Hefeflocken püriert, ergeben sie einen köstlichen veganen Parmesan, mit dem man Salate, Aufläufe, Nudeln oder Risotto bestreuen kann. Ein paar Stunden (4 bei Cashewkernen, 10 bei Mandeln) eingeweicht, im Fall der Mandeln geschält, dann mit Würzmitteln gemixt, können sie sich in verschiedenste vegane Streichkäsesorten verwandeln. Mischungen zum Ausprobieren: Cashew–Tempeh, Mandel–Hefeflocken oder Mandel–Miso ... Da das Vorkeimen den Vitalstoffgehalt der Samen beträchtlich erhöht, erhalten Sie, sofern Sie sie nicht hoch erhitzen, Käsesorten, die besonders reich an Enzymen und Mineralstoffen sind.

Und zu guter Letzt: **Nussmuse** verwenden Sie am besten zur Herstellung von veganem Pasta-Filata-Käse („Fäden ziehendem" Käse zum Gratinieren) oder Gruyère (dank des Agar-Agar). Allerdings werden diese veganen Varianten niemals so kompakt wie das Original aus tierischer Milch.

GEWÜRZE & CO.

Nachdem Sie die Grundmasse zubereitet haben, kommt das Wichtigste: das Aroma. Zum Glück gibt es in der Pflanzenwelt viele Zutaten, die geschmacklich an Käse erinnern. Bringen Sie sie doch zusammen, denn die Kombination führt oft zu den erstaunlichsten Ergebnissen!

Hefeflocken gehören sicher zu den bekanntesten Beigaben für vegane Käsezubereitungen, ein Zwischending zwischen Paniermehl und Parmesan. Dieser winzig kleine Pilz ist besonders reich an Aminosäuren und Vitaminen der B-Gruppe. Hefeflocken können Sie im Bioladen oder im Reformhaus kaufen. Ein paar Ideen: mit etwas weißem Mandelmus in einem Risotto, in der Béchamelsauce zu einem Gemüseauflauf, einer veganen Käsesauce mit Sojasahne ... Hefeflocken sind außerdem ein hervorragendes Würzmittel in allen veganen Käsezubereitungen. Achten Sie aber darauf, sie nicht über 40 °C zu erhitzen, wenn Sie all ihre Vitalstoffe erhalten wollen ...

Knoblauch- und Zwiebelpulver haben überraschenderweise auch einen leichten Käsegeschmack. Versuchen Sie nicht, sie durch ihre frischen Entsprechungen zu ersetzen, das ist etwas ganz anderes! Rechnen Sie etwa 2 Teelöffel Zwiebelpulver und 1/2 Teelöffel Knoblauchpulver für einen veganen Käse.

Miso, die sehr würzige japanische Paste aus vergorenen Sojabohnen, lässt sich ebenfalls als aromatisierende Zutat bei der Herstellung von veganem Käse einsetzen, denn damit wird dieser bei Zimmertemperatur oder in einem etwas wärmeren Raum sanft fermentiert, ähnlich wie konventioneller Käse. Verwenden Sie Miso wegen seiner enormen Würzkraft sparsam oder „strecken" Sie das intensive Gersten- oder Soja-Miso mit einem milden, kürzer gereiften weißen Miso. 1 bis 2 Teelöffel genügen in der Regel, um eine Tasse veganen Käse zu aromatisieren.

Zitronensaft, Apfelessig und **Ume-Su** verleihen veganem Frischkäse die erwünschte säuerliche Note. Sie tragen auch zur Konservierung bei. Ume-Su entsteht bei der Herstellung von Umeboshi, das sind in Salz vergorene „Ume"-Pflaumen. Sie genießen in Japan als gesundheitsförderndes Lebensmittel hohes Ansehen und werden in kleinen Dosen als Leckerei verzehrt.

Sie können Ihren veganen Käse auch mit Shoyu oder Tamari (geschmacksintensiver), mit getrockneten, pürierten Pilzen, mit schwarzen Oliven ... würzen.

FETTE

Ohne Fett ist auch ein veganer Käse kein richtiger Käse! Um die in der Kuhmilch enthaltenen Fette zu ersetzen, gibt es zahlreiche pflanzliche Alternativen. Das ist vor allem dann wichtig, wenn Ihr Käse aus Tofu und nicht aus Nüssen und Ölsaaten, die schon reich an pflanzlichen Fetten sind, gemacht wurde.

Pflanzliche Öle haben den Nachteil, dass sie die Zubereitungen etwas verflüssigen, aber sie sind sehr nützlich, um eine Fäden ziehende Masse geschmeidiger zu machen. Wenn Sie Ihren Käse anschließend braten wollen, wählen Sie ein hitzebeständiges Öl (Traubenkern-, High-Oleic-Sonnenblumenöl). Ansonsten bieten sich noch Sesam-, Haselnuss- und Walnussöl mit ihren vielfältigen Aromen an.

Kokosnussöl hat eine Besonderheit: Bei Zimmertemperatur bleibt es fest. Das macht es zu einem idealen Verbündeten bei der Herstellung von veganem Käse, weil es ihm Stabilität verleiht. Wählen Sie ein natives Kokosöl mit relativ neutralem Geschmack. Köstlich in einem veganen Gruyère oder einem anderen Hartkäse oder halbfesten Schnittkäse.

UND FÜR DIE STABILITÄT ...

Die vegetarische Küche verfügt über eine ganze Palette von Zutaten, die beim Festwerden helfen:

Agar-Agar ist perfekt geeignet für die Herstellung von veganem Hartkäse, der eine gewisse Festigkeit behalten soll. Verrühren Sie das Agar-Agar mit etwas Flüssigkeit, kochen Sie es auf und pürieren Sie das Ganze mit den restlichen Zutaten (siehe Seite 214 ff.). Geben Sie in Ihre Zubereitungen auch etwas Sahniges, z. B. in Form von Seidentofu oder Nussmus, damit die Konsistenz nicht zu geleeartig wird.

Stärke ist ebenfalls eine wertvolle Zutat: **Pfeilwurzelstärke** ist ideal für die Herstellung von Schmelzkäse, dem sie eine Fäden ziehende Konsistenz verleiht. **Kartoffelstärke**, mit würzigen Zutaten (Hefeflocken, Zwiebelpulver, weißes Mandelmus) in eine vegane Béchamelsauce gestreut, ergibt einen überraschenden veganen Gorgonzola: Sie müssen die Béchamelsauce nur bis zum Eindicken sanft erhitzen und im Kühlschrank in einer Form fest werden lassen.

Gemahlener Leinsamen, mit etwas Wasser verrührt, ist ebenfalls ein hervorragendes Verdickungsmittel (siehe Seite 243), besonders geeignet für veganen Weichkäse (Brie).

Fertigen pflanzlichen Käse kaufen

Im Bioladen oder Reformhaus finden Sie einige Sorten veganen Käse, meist Streichkäse auf der Basis von Soja und Kräutern. Im Online-Handel ist die Auswahl viel größer (siehe Bezugsquellen, Seite 252), vor allem, wenn Sie auch im Ausland, z. B. in den USA und Kanada, einkaufen. Probieren Sie es aus und versuchen Sie, die Sorten, die Ihnen schmecken, mit den Zutaten aus Ihrem Vorratsschrank nachzumachen (oder lassen Sie sich davon inspirieren) ...

Veganer Frischkäse mit Knoblauch und Kräutern

Für 1 Glas

200 g halbfester Tofu (nach Möglichkeit hausgemacht und etwa 2 Stunden abgetropft) • 1 Knoblauchzehe, gepresst • 1 gehäufter EL fein gehackte Kräuter (Schnittlauch, Koriander, Estragon ...) • 2 TL Rapsöl • 1 TL Zitronensaft • Salz, Pfeffer

Den Tofu mit der Gabel zerdrücken, mit den restlichen Zutaten verrühren. Die Masse in eine kleine Schüssel füllen, gut festdrücken und mindestens 1 Stunde kalt stellen.

Veganer Pistazien-Parmesan

Für 1 kleines Glas

20 g geschälte Mandeln • 20 g Cashewkerne • 10 g Pistazien • 1/2 TL Salz • 1 EL Hefeflocken

Mit der elektrischen Kaffeemühle die Mandeln mit den Cashewkernen und den Pistazien mahlen. Salz und Hefeflocken dazugeben und das Ganze gut vermengen.

Veganer Streukäse zum Überbacken

Für 1 Glas

30 g Pfeilwurzelstärke • 250 ml Sojamilch • 2 gestrichene EL Hefeflocken • 2–3 Prisen Knoblauchpulver • 1/2 TL Salz

Pfeilwurzelstärke mit etwas Sojamilch anrühren, dann die restliche Milch dazugießen. Unter Rühren erhitzen, bis die Mischung eindickt. Die restlichen Zutaten hineinrühren.

Veganer „Ziegen“-Käse

Für 1 kleines Glas

125 g ungeschälte Mandeln • 1 l Wasser • 1 EL Zitronensaft • 1 EL Rapsöl • 1/2 EL helles Sesammus (Tahin aus geschältem Sesam) • 1/2 TL Salz • 1/2 TL getrockneter Thymian oder Kräuter der Provence (nach Belieben)

Mandeln über Nacht einweichen, dann abgießen, schälen und mit 1 Liter Wasser fein pürieren. Durch ein mit einem Passiertuch ausgelegtes Sieb abseihen. Die Mandelmilch für einen anderen Zweck beiseitestellen. Das Mandel-Okara im Sieb gut pressen (etwa 100 Gramm). Mit den übrigen Zutaten vermischen, erneut in ein Passiertuch geben und über Nacht bei Zimmertemperatur abtropfen lassen. In eine ofenfeste Form geben und im Backofen 30 Minuten bei 90 °C (Umluft: 70 °C) trocknen, abkühlen lassen.

1

2

Cashew-„Frischkäse"

Für 1 kleine Schale

40 g ungeschälte Mandeln • 60 g Cashewkerne • 1 kleine Knoblauchzehe, gepresst • 2 EL Hefeflocken • 1 EL weißes Miso • 1 EL Olivenöl • 2 EL Wasser • 2 Prisen Salz • 1 Prise gemahlener Kreuzkümmel

1 Mandeln und Cashewkerne 8 Stunden oder über Nacht in reichlich kaltem Wasser einweichen.

2 Gut abspülen und die Mandeln schälen.

3 Mit der Knoblauchzehe, den Hefeflocken, weißem Miso, Olivenöl, 2 Esslöffeln Wasser, Salz und Kreuzkümmel im Mixer cremig pürieren.

4 Den „Frischkäse“ kühl stellen. Hält sich 3 bis 4 Tage.

Veganen Joghurt HERSTELLEN

Dank der Milchsäuregärung sind alle veganen Milchsorten in der Lage, sich in eine Zubereitung zu verwandeln, die reich an Probiotika ist und einem Joghurt aus Kuhmilch in nichts nachsteht. Aber nur mit Sojamilch entsteht die cremige Konsistenz, die wir so mögen. Doch mit etwas Geschick, Stärke und Agar-Agar ist es durchaus möglich, dasselbe Resultat auch mit Mandel- oder Reismilch zu erzielen ...

Joghurt ist durch Milchsäuregärung verdickte Kuh-, Ziegen- oder Schafmilch. Als Ferment werden die Milchsäurebakterien *Lactobacillus bulgaricus* und *Streptococcus thermophilus* eingesetzt. Wenn die Mischung rund 10 Stunden auf etwa 42 °C erwärmt wird, wandeln die Bakterien die Laktose in Milchsäure um. Dadurch gerinnen die Proteine der Milch, sodass der Joghurt seine cremige Konsistenz und den köstlichen, leicht säuerlichen Geschmack erhält. Er ist leicht verdaulich und enthält probiotische Mikroorganismen, die die Darmflora unterstützen und der Immunabwehr zugutekommen. Joghurt wird im Kühlschrank aufbewahrt.

Unter den pflanzlichen Milchalternativen entwickelt nur Sojamilch bei der Gärung zum Joghurt die gewünschte Cremigkeit. Zwar lässt sich auch Hafer-, Reis- oder Mandelmilch fermentieren, womit ebenfalls ein hoher Gehalt an Probiotika und säuerlicher Joghurtgeschmack erzielt wird, aber damit erhält man nicht die gewünschte Konsistenz. Für mehr Festigkeit müssen Sie in diesen Fällen auf ein Geliermittel (Agar-Agar) oder für gerührten Joghurt auf ein Verdickungsmittel (Stärke) zurückgreifen.

WOMIT WIRD FERMENTIERT?

Für die Fermentierung von Joghurt (mit Milchsäurebakterien) gibt es mehrere Möglichkeiten:

Die Milch wird mit **frischem Joghurt** (aus Kuh-, Soja- oder anderer Pflanzenmilch) aus der letzten Produktion vermischt. Das ist die gängigste und einfachste Methode. So können Sie sparen und erhalten vollends fermentierte Joghurts mit ausgewogenem Geschmack.

Im Bioladen bekommen Sie **Joghurtferment in Pulverform**, das Sie mit der leicht erwärmten Milch mischen. *Achtung*: Lesen Sie das Etikett genau, falls Sie Kuhmilch nicht vertragen, denn teilweise sind solche Kulturen mit Milchpulver hergestellt.

Im Kühlregal finden Sie auch **Probiotika in Kapselform** (1 Kapsel auf 1/2 bis 1 Liter Milch), doch ihr Nachteil ist, dass sie den Joghurt besonders sauer machen.

Sie können auch ein paar **Kefirknollen** in Ihre Milch geben (Seite 84 ff.). Dann müssen Sie die Zubereitung nach der Fermentation abseihen und die Knollen wieder herausnehmen. Mit Wasserkefir funktioniert es ebenfalls, aber hierbei verwenden Sie das Getränk selbst zur Beimpfung (rechnen Sie 1 Esslöffel auf 1 Liter Milch) und nicht die Wasserkefirkristalle.

Kombucha eignet sich ebenfalls sehr gut zum Fermentieren; rechnen Sie 1 Esslöffel pro Becher Joghurt (etwa 10 Stunden ruhen lassen). Mit dem Kombucha-Pilz selbst kommen Sie schneller ans Ziel: Etwa 6 Stunden genügen, um 1 Liter Milch zu fermentieren. Opfern Sie nicht Ihren ganzen Kombucha-Pilz, denn es kann sein, dass er ohne sein gewohntes Milieu nachher nicht mehr richtig „funktioniert". Im Fall von Sojajoghurt erzielen Sie damit auf jeden Fall eine festere Konsistenz, als wenn Sie nur Ihr Kombucha-Getränk einsetzen.

Sie können auch versuchen, Joghurt allein durch den Kontakt mit den **Bakterien in der Umgebungsluft** entstehen zu lassen, jedoch dauert dieser Prozess länger und das geschmackliche Ergebnis ist etwas anders als bei einem Joghurt, der nach den klassischen Verfahren hergestellt wurde.

Vergessen Sie nicht, nach der Joghurtbereitung eine Portion beiseitezustellen, damit Sie den nächsten Ansatz damit herstellen können.

TEMPERATUR UND FERMENTATIONSZEIT

Damit Ihre Zubereitung richtig fermentiert, ist es erforderlich, sie etwa 8 Stunden lang auf einer Temperatur von 40 bis 45 °C zu halten: Je höher die Temperatur, desto kürzer ist die Fermentationszeit. Und je länger die Dauer, desto säuerlicher wird Ihr Joghurt (und fester bei Joghurt aus Kuh- oder Sojamilch). Mit einem Joghurtbereiter ist es am einfachsten, das erwünschte Ergebnis zu erzielen, aber nötig ist er nicht, wenn Sie eine der folgenden drei Techniken anwenden:

- Bringen Sie Wasser in einem gusseisernen Topf (oder einem Schnellkochtopf) zum Kochen, leeren Sie ihn und stellen Sie die Joghurtbehälter (ohne Deckel) hinein. Verschließen Sie den Topf luftdicht (falls nötig, umwickeln Sie ihn mit Geschirrtüchern) und lassen Sie das Ganze 8 Stunden ruhen.
- Stellen Sie die Joghurtbehälter (ohne Deckel) 2 Stunden in den auf 40 °C (Umluft: 20 bis 25 °C) vorgeheizten Backofen, schalten Sie den Ofen aus und lassen Sie die Joghurts noch mindestens 6 Stunden ruhen, ohne die Tür zu öffnen.
- Es ist auch möglich, die Joghurts in einen Dörrautomaten zu geben (siehe Seite 16 ff.).

Achten Sie in jedem Fall darauf, dass Sie Joghurt, das gerade gärt, nicht bewegen, damit seine Homogenität erhalten bleibt, und stellen Sie es anschließend mindestens 2 Stunden lang in den Kühlschrank, damit es etwas fester wird.

SOJAJOGHURT SELBST HERSTELLEN

Sojajoghurt ist diejenige unter den veganen Varianten, die herkömmlichem Joghurt am nächsten kommt: Denn obwohl Sojabohnen keine Laktose enthalten, können sie wegen ihres hohen Proteingehalts die Milch richtig gerinnen lassen: Man erhält so einen cremigen, gut verdaulichen, sehr milden Joghurt, der weniger säuerlich ist als der aus Kuhmilch. Um Sojajoghurt zu machen, wenden Sie dasselbe Herstellungsprinzip an: Mischen Sie 1 Sojajoghurt (vergewissern Sie sich auf der Verpackung, dass Joghurtkulturen enthalten sind) oder andere Formen von Milchfermenten mit 1 Liter Sojamilch und lassen das Ganze zum Fermentieren ruhen.

Achtung, wenn Sie hausgemachte Sojamilch verwenden: Die Konsistenz des Joghurts hängt von der Konzentration der Milch ab (siehe Seite 66).

Ein kleiner Trick, wenn es noch einfacher gehen soll: Mischen Sie 100 Milliliter Sojamilch mit 1 Teelöffel frischem Zitronensaft und lassen Sie sie 15 bis 20 Stunden bei Zimmertemperatur unter einem Passiertuch fermentieren. Sie erhalten einen wundervollen Sojajoghurt (der übrigens *nicht* nach Zitrone schmeckt), den Sie einfach so genießen oder abseihen können. Wenn Sie die „Molke" gut abtropfen lassen, wird der Joghurt cremiger.

VEGANE JOGHURTS AUS NÜSSEN UND ÖLSAATEN ZAUBERN

Um veganen Joghurt ohne Soja zu machen, können Sie die Pflanzenmilch mit Agar-Agar oder Stärke aufkochen, dann mit Nüssen und/oder Ölsaaten (ganz oder als Mus), weiteren aromatisierenden Zutaten und etwas Rohrohrzucker verrühren, das Ferment dazugeben und 6 bis 10 Stunden bei etwa 42 °C (bei niedrigster Temperatur im Backofen) stehen lassen. Sie können natürlich auf die Fermentation verzichten, aber dann erhalten Sie anstelle eines Joghurts eher eine Art „Dessertcreme", die nicht milchsauer vergoren ist.

Da sich alle veganen Milchdrinks zur Joghurtherstellung eignen, hängt Ihre Wahl, welche Nüsse oder Ölsaaten (plus zusätzliche aromatisierende Zutaten) Sie beimischen, nur davon ab, welchen Geschmack und welche Konsistenz Sie bevorzugen: Mit Mandelmilch gelingt Ihnen ein reichhaltigeres, sämigeres Produkt als mit Reismilch, die ideal geeignet ist für einen bekömmlichen, leichten Joghurt, während die sündhaft leckere Hafer- oder Haselnussmilch sich besonders gut in einem Schokoladenjoghurt macht …

Nuss- und Samenmuse sind die besten Partner von veganen Joghurts: Um in den Genuss ihres köstlichen Geschmacks sowie einer unnachahmlich cremigen Konsistenz zu kommen, brauchen Sie sie nur in den noch warmen Joghurt einzurühren. Das Mus können Sie vorher mit etwas veganer Milch oder auch nur mit Wasser verdünnen. Rechnen Sie etwa 2 Teelöffel Mus pro Joghurt.

Eine andere, radikalere Lösung ist die Zubereitung wirklich rohköstlicher Joghurts, reich an Enzymen und Mineralstoffen, für die Sie eingeweichte (siehe Seite 78) und mit Wasser oder veganer Milch fein pürierte Nüsse oder Mandeln verwenden. Da solche Joghurts eine festere Konsistenz haben, können Sie die verwendete Agar-Agar- oder Stärkemenge auf die Hälfte reduzieren oder sogar ganz darauf verzichten, wenn Sie mit Flüssigkeit sparsam sind. Am besten geeignet zur Herstellung von veganen Joghurts sind Cashewkerne (4 Stunden Einweichzeit) und Mandeln (10 Stunden Einweichzeit). *Achtung*: Mandeln müssen vor dem Mixen geschält werden, aber durch das lange Einweichen geht das ganz leicht.

Falls Sie einen Hochleistungsmixer besitzen, bietet er sich dafür an, denn je feiner die Nüsse oder Mandeln gemahlen sind, desto besser vermischen sie sich mit der veganen Milch zu einer homogenen Creme. Andernfalls müssen Sie Ihre Zutaten besonders gut pürieren. Sie können auch Haselnüsse, Sesamsamen oder Sonnenblumenkerne nehmen, aber ich finde das geschmackliche Resultat nicht ganz so rund und mild. Wenn Ihr Joghurt ganz und gar rohköstlich sein soll, aromatisieren Sie ihn mit Kakao in Rohkostqualität (als Pulver oder Drops), frischem Fruchtpüree (Aprikosen, rote Früchte) oder hausgemachten Trockenfrüchten.

Um Ihrem Joghurt mehr Festigkeit zu verleihen, gibt es mehrere Möglichkeiten. Mit Agar-Agar ist die Technik kinderleicht: Milch oder Wasser mit dem Agar-Agar (1 gestrichenen Teelöffel pro 500 Milliliter Milch) aufkochen, etwas abkühlen lassen und mit den restlichen Zutaten pürieren, dann ruhen lassen. Bis zum Verzehr mindestens 2 Stunden in den Kühlschrank stellen, damit die Joghurts fest werden. Hält sich nur 1 Tag, denn Agar-Agar zieht Wasser (siehe Seite 216).

Mit Stärke (Mais-, Pfeilwurzelstärke) brauchen Sie etwa 80 Gramm pro Liter Milch. In etwas Milch oder Wasser anrühren, mit dem Rest verrühren und etwa 5 Minuten sanft erhitzen, bis zum Eindicken. Nicht kochen lassen! Sobald eine homogene Creme entsteht, die übrigen Zutaten dazugeben, gut verrühren und ruhen lassen. Für eine noch festere Konsistenz können Sie in Ihre Mischung vor dem Erhitzen auch zusätzlich 1 oder 2 Prisen Agar-Agar geben.

Natürlich können Sie Ihrem Joghurt auch reife Banane, Kokosflocken, Mandelmark oder Okara (Diese Rückstände aus der Herstellung von Mandel- bzw. Sojamilch sind so wirksame Verdickungsmittel, dass Sie dann auf Stärke oder Agar-Agar verzichten können!), weißes Miso (das als milchsauer vergorenes Lebensmittel auch als Ferment dienen kann) oder vegane Sahne beigeben.

Zur geschmacklichen Bereicherung sind Ihnen keine Grenzen gesetzt: Mandel- oder Nusssplitter und Samen aller Art, Zesten von Bio-Zitrusfrüchten, etwas hausgemachte Konfitüre, naturreine Aromen (Vanille, Süßholz) oder ätherische Öle …

Cashew-Kokos-Joghurt

Für 2 Personen

50 g Cashewkerne • 180 ml Kokosmilch • 1 gestrichener TL Agar-Agar • 1 EL Rohrohrzucker (oder Kokosblütenzucker) • 80 ml Reismilch • Ferment nach Wahl

❶ Die Cashewkerne 4 Stunden einweichen.

❷ Die Kokosmilch mit dem Agar-Agar 30 Sekunden aufkochen. Den Zucker dazugeben.

❸ Mit den abgetropften und abgespülten Cashewkernen, der Reismilch und dem gewählten Ferment fein pürieren.

4 In Gläser oder Dessertschälchen füllen, 8 Stunden bei 42 °C (bei niedrigster Temperatur im Backofen) ruhen lassen, dann mindestens 2 Stunden kalt stellen. Hält sich 1 Tag.

Ein cremiges und köstlich aromatisiertes Dessert, das im Nu gemacht ist.

Gemüse-„Abfälle“ VERWERTEN

Auch in der Bio-Küche gibt es Abfälle: Doch aus Obst- und Gemüseschalen, dem Grün vom Gemüse, den Schoten … lassen sich unglaublich leckere Gerichte zaubern, die Ihnen die in den pflanzlichen „Abfällen“ enthaltene Fülle an Vitalstoffen zur Verfügung stellen. So geht nichts verloren!

Selbstverständlich nutzen wir alle das essbare Grün von Blattgemüse (Salat, Kresse, Mangold, Rosenkohl, Spinat), aber auch die Blätter von Wurzelgemüse (Rote Bete, Karotte, Sellerie, Kohlrabi, Mairüben, Pastinake, Rettich, Steckrübe …) oder der Lauchgewächse (Knoblauch, Zwiebel, Schalotte, Frühlingszwiebel, Lauch) sind essbar. Selbst die Schoten der Hülsenfrüchte (Ackerbohnen, Erbsen) sind genießbar; übrigens essen Sie sie schon in Form von grünen Bohnen oder Zuckerschoten!

HINWEISE ZUR HALTBARKEIT

Kaufen Sie auf Wochenmärkten oder im Bioladen ein und wählen Sie nur frisches Gemüse in Bio-Qualität mit zartgrünen, noch nicht welken Blättern (Pestizide kommen auf der Oberfläche der Pflanzen konzentriert vor) und verbrauchen Sie es unverzüglich. Gemüseblätter und Schoten sind nur jung und zart genießbar, sie welken rasch, ebenso wie aromatische Kräuter.

Das Kraut von Mairüben, Radieschen und Roter Bete hält sich höchstens 2 Tage, die Stiele von Brokkoli und Kohlblätter halten sich noch 1 bis 2 Tage länger. Schoten, die Stängel von Knoblauch und Zwiebeln sowie das etwas robustere Karottengrün dürfen Sie länger aufheben.

Um sie möglichst lang verwenden zu können, waschen Sie sie gut, tupfen sie dann vorsichtig trocken und legen sie auf einem Stück Küchenpapier in ein luftdichtes Gefäß, das Sie unten im Kühlschrank aufbewahren.

MEINE EMPFEHLUNGEN

Blätter, Stiele und Schoten haben ein köstliches grünes Aroma, häufig nicht dasselbe wie das zugehörige Gemüse. Blätter sind im Allgemeinen zarter und haben einen feineren Geschmack als Schoten, die vor dem Verzehr unbedingt gekocht werden müssen. Stängel und Knollen von Lauchgewächsen (junger Knoblauch, Frühlingszwiebel …) sind so mild, dass Sie sie gut als Salat essen können. In jedem Fall gilt: Verlesen Sie das Grün gut, bevor Sie es zubereiten, und werfen Sie alles in den Bio-Müll oder auf den Kompost, was welk oder verfärbt ist.

Im Fall der Gemüseblätter können Sie die zäheren Stielansätze ruhig entfernen, wenn die Stiele besonders dick und hart sind (Karotte, Rote Bete). Das ist allerdings unnötig, wenn Sie die Blätter dampfgaren oder in der Pfanne in Olivenöl mit etwas gehacktem Knoblauch andünsten, bevor Sie sie Ihrem Gericht beigeben.

Die folgenden „Gemüseabfälle" sind in Wirklichkeit wertvolle Zutaten für köstliche Gerichte:

Bohnen- und Erbsenschoten haben einen milden Geschmack, der an Zuckerschoten erinnert. Sie sollten gegart werden (braten Sie sie in der Pfanne in Olivenöl an, fügen Sie etwas Flüssigkeit hinzu und dünsten Sie sie zugedeckt 20 bis 30 Minuten). Sie können die Schoten auch hacken oder im Mixer zerkleinern und dann einer Tarte-Masse oder einem Kuchenteig beimischen … Besonders gut machen sie sich mit etwas Knoblauch und frischen Tomaten, in Kartoffelpüree oder einer Cremesuppe, mit Minze. Wählen Sie nur die schönsten Schoten aus und entfernen Sie die zähen Fäden vor dem Kochen.

Brokkolistängel liegen geschmacklich irgendwo zwischen Kohl und Artischocke. Sehr lecker schmecken sie, geschält und in Scheiben geschnitten, in einem Püree aus grünem Gemüse, einer Velouté oder einfach in der Pfanne mit etwas Olivenöl angebraten, dann mit Mandel- oder Pistaziensplittern bestreut.

Fenchelgrün und -stängel verarbeiten Sie wie Sellerieblätter. Sie können sie einfrieren und für in Folie gegarte Speisen verwenden, für Nudeln oder auch in süßem Gebäck. (Sie schmecken köstlich, vor allem kandiert in Honig, mit weißem Mandelmus, Orangen, Erdbeeren oder sogar in einem Fondant au chocolat.)

Karottengrün ist zäher, daher empfiehlt es sich, die Stiele zu entsorgen und nur die Blättchen zu verwenden. Geben Sie diese in Bratlinge oder einen Auflauf oder dünsten Sie sie an, bevor Sie eine Brotscheibe mit Ziegenkäse damit garnieren.

Stängel von jungem Knoblauch und Frühlingszwiebeln sind viel milder als die Pflanzen, von denen sie stammen. Nach dem Waschen und Trockentupfen schneiden Sie sie in feine Ringe und verwenden Sie sie wie aromatische Kräuter: im Salat, in einem Risotto oder Pasta-Gericht, in gefülltem Gemüse, einer herzhaften Tarte oder Quiche mit Frühlingsaromen …

Kohlrabiblätter sollten Sie zunächst dünsten, um ihren Kohlgeschmack abzumildern. Dann bereiten Sie sie wie Spinat zu oder verwenden sie wie Rote-Bete-Blätter.

Mairübenblätter schmecken kräftiger und etwas herb. Sie sollten sie garen, bevor Sie sie für eine Tarte, Quiche oder einen Auflauf verwenden (verrührt mit einer veganen Béchamelsauce und überbacken mit etwas Ziegenkäse oder Comté).

Radieschenblätter müssen nicht gekocht werden. Ihr feines, kresseähnliches Aroma fügt sich in verschiedenste Zubereitungen wundervoll ein. Verwenden Sie sie anstelle von Basilikum für ein Pesto (mit Mandeln oder Pinienkernen, Olivenöl, Knoblauch und Parmesan), in einem Risotto (köstlich mit etwas Mandelmus zur Abrundung), in Aromabutter oder sogar in einem grünen Smoothie.

Rote-Bete-Blätter sind rötlich und schmecken leicht süß. Verwenden Sie die großen Blätter und die Stiele für Suppen, die jungen Blättchen für Salat wie Blattspinat.

Die Blätter von Knollen- und Staudensellerie lassen sich zu einem aromatischen Gewürz verarbeiten: Hacken Sie die gewaschenen, trocken getupften Blätter, die Sie dann im Dörrautomaten trocknen oder in einem Beutel im Gefrierfach aufbewahren. Sie können damit eine Suppe, ein Gemüsegericht oder ein Kräuteromelett würzen. Mit etwas Salz lässt es sich auch zu einem richtigen „Selleriesalz" mixen (lecker in einem Tomatensaft).

Gut zu wissen: Gemüseblätter, Kraut und Schoten eignen sich auch hervorragend für eine Velouté. Dafür gepressten Knoblauch und 1 fein gewürfelte Zwiebel in etwas Olivenöl anschwitzen, das Grün dazugeben, noch etwas weiterdünsten, eventuell ein paar Kartoffeln dazugeben, würzen, mit Wasser bedecken und köcheln lassen. Anschließend im Mixer pürieren. Sie können daraus auch eine Art Gemüsebrühe zubereiten, etwa für einen Risotto. Die mildesten und zartesten Exemplare können Sie fein hacken und einen grünen Salat oder einen Rohkostteller damit aufpeppen.

„SCHÄLABFÄLLE" VERWENDEN

Nachdem Sie die Schalen gründlich gewaschen haben, können sie zu Gemüsechips (Kartoffel, Zucchini) verarbeitet oder in eine Cremesuppe (Spargel, Tomate) oder eine Brühe mit Kräutern (Topinambur) gegeben werden.

Wahre Vitaminbomben

Vitamine und Ballaststoffe sind in den „Schalen" von Obst und Gemüse in höherer Konzentration vorhanden: Das ist ein ausgezeichneter Grund, Schoten und Schalen zu essen. In den grünen Blättern von Gemüse steckt besonders viel Chlorophyll, das entgiftend, basisch und antioxidativ wirkt.

Pesto aus Radieschenblättern

Für 1 Glas

1 Bund Radieschen • 1 Knoblauchzehe, gepresst • 50 g Mandelmehl • 50 g geriebener Parmesan • 3 EL Olivenöl • Salz

Von den Radieschenblättern die Stiele entfernen, die Blättchen waschen und trocknen. Mit Knoblauch, Mandelmehl, Parmesan und Olivenöl stückig pürieren. Dabei das Mixgut von den Wänden des Mixers abschaben, um ein homogenes Ergebnis zu erzielen. Je nach gewünschter Konsistenz mehr oder weniger Öl zugießen, salzen und in einem Schraubglas kühl stellen. Hält sich 5 Tage (und etwas länger, wenn man die Mischung mit einer dünnen Öl-Schicht bedeckt).

Ackerbohnenschoten à la provençale

Für 4 Personen

Schoten von 500 g Ackerbohnen • 2 EL Olivenöl • 1 Knoblauchzehe, gepresst • 1 Zwiebel • 300 g Tomatenstücke • 3–4 Blätter frisches Basilikum (oder 1 TL getrocknetes Basilikum) • Salz, Pfeffer

Bohnenschoten verlesen und zähe Fäden entfernen, 30 Minuten in reichlich siedendem Salzwasser kochen, abgießen. Im Olivenöl mit dem Knoblauch und der fein gewürfelten Zwiebel 5 Minuten anbraten. Die Tomaten dazugeben und bei geringer Hitze unter gelegentlichem Umrühren 30 Minuten köcheln lassen. Das fein geschnittene Basilikum dazugeben, salzen, pfeffern und gut umrühren.

1

2

Pizzetta mit Karottengrün, Pistazien und Ziegenfrischkäse

Für 4 Personen

Pizzateig 125 g Weizenmehl Type 550 • ½ Päckchen Trockenbackhefe • ½ TL getrockneter Thymian • ½ TL Salz • etwa 80 ml Wasser • 3 EL Olivenöl

Belag Grün von etwa 15 Karotten • 100 g Ziegenfrischkäse • 2 Frühlingszwiebeln • 2 EL Olivenöl + ½ EL zum Beträufeln • 1 EL geröstete, ungesalzene Pistazien • Salz, Pfeffer

1 **Pizzateig** Das Mehl mit Hefe, Thymian und Salz vermengen. Nach und nach lauwarmes Wasser und das Olivenöl zugießen, dabei verkneten, bis eine geschmeidige, nicht klebende Teigkugel entsteht (falls nötig, etwas Mehl dazugeben).

2 Mit einem sauberen Geschirrtuch abdecken und an einem warmen Ort oder auf der Heizung etwa 1 Stunde gehen lassen. Anschließend den Teig in 4 gleich große Bällchen teilen und diese auf Backpapier dünn ausrollen, mit etwas Mehl bestäuben.

3 **Belag** Die Blätter von den Stielen des Karottengrüns abzupfen, gründlich waschen und 15 Minuten dampfgaren. Die Pizzetta-Böden mit Ziegenfrischkäse bestreichen, mit Karottengrün und in dünne Ringe geschnittenen Frühlingszwiebeln belegen.

4 Mit Olivenöl beträufeln, salzen, pfeffern und im Backofen 20 bis 25 Minuten bei 200 °C (Umluft: 180 °C) backen. Mit grob gehackten Pistazien bestreuen.

Karottengrün kann man nicht nur in der Suppe essen!

Gomasio
HERSTELLEN

Gomasio ist das Lieblingswürzmittel der Vegetarier: Von diesem „Sesamsalz“, das man quasi über alles streuen kann, lassen sich vielerlei hausgemachte Varianten kreieren, vorausgesetzt, man hat 3 Minuten Zeit ...

Ebenso wie Algenflocken oder Sonnenblumenkerne gehört Gomasio unbedingt in Ihren Bio-Vorratsschrank, wenn Sie Ihre vegetarische Küche auf unkomplizierte Art mit kleinen Leckereien ergänzen wollen. Das aus Meersalz und gerösteten, zerstoßenen Sesamsamen bestehende Würzmittel, das in Japan seit Jahrtausenden in Gebrauch ist und durch die makrobiotische Küche weltweit bekannt wurde, fördert eine mineralstoffreiche Ernährung und gesunde Verdauung.

In Ostasien herrscht die Vorstellung, dass Salz nicht isoliert aufgenommen werden sollte, weil es von unserem Organismus so nicht optimal verwertet werden könne. Zuvor sollte man es „pflanzlich machen“, indem man es z. B. mit Sesamöl umhüllt: Auf diese Weise gelangt es – gut geschützt – in den Darm, wo seine Mineralstoffe absorbiert werden. Gomasio soll also dazu beitragen, einer Übersäuerung des Blutes (Azidose) entgegenzuwirken, unser Nervensystem zu stärken, die Ausschüttung von Verdauungssäften zu fördern und den gesamten Stoffwechsel anzuregen. Sesam ist reich an Mineralstoffen (Kalzium, Phosphor und Magnesium, den Freunden des Gehirns), Vitamin B, ungesättigten Fettsäuren, essenziellen Aminosäuren und Lezithin.

Gomasio können Sie in jedem Bioladen kaufen. Wenn Sie es aber selbst herstellen, sparen Sie nicht nur bares Geld, sondern können auch für Abwechslung sorgen. Dazu brauchen Sie nur einen kleinen Mixer, eine elektrische Kaffeemühle oder einen Mörser mit Stößel und ein luftdichtes Schraubglas zur Aufbewahrung. Nehmen Sie sich 1-mal pro Woche 3 Minuten Zeit, um Ihre eigene Hausmischung zuzubereiten!

DAS GOMASIO-GRUNDREZEPT

Bei der Zubereitung von Gomasio müssen Sie die angegebene Vorgehensweise genau beachten, damit das Zusammenspiel zwischen Salz und Sesam funktioniert. Viele Rezepte verwenden geschälten Sesam, Puristen bevorzugen jedoch den ungeschälten, meist schwarzen, der zwar etwas bitter schmeckt, aber fast doppelt so viel Kalzium enthält*. Verwenden Sie reines Meersalz. Ideal ist ein hellgraues, unraffiniertes, aber gewaschenes – dann ist es frei von Verunreinigungen

und enthält nicht zu viel Magnesium. Verzichten Sie auf jeden Fall auf weißes, raffiniertes Salz ohne Spurenelemente.

Was das Mischungsverhältnis von Salz und Sesam angeht, empfiehlt die makrobiotische Ernährungslehre sensiblen Personen (die häufig unter Erkältung, Magen-Darm-Grippe oder Verdauungsproblemen leiden), 1 Teil Salz mit 7 bis 12 Teilen Sesam zu mischen, und den anderen, weniger Salz zu nehmen, nämlich 1 Teil Salz auf 15 bis 20 Teile Sesam. Als Durchschnittswert mag 1 Esslöffel Salz auf 10 Esslöffel Sesam zur Orientierung dienen.

Zunächst rösten Sie die Sesamsamen vorsichtig, um seine wertvollen Öle freizusetzen: Nur 1/2 Minute in einer Pfanne ohne Fett reichen, damit sich sein angenehmer haselnussartiger Duft entfaltet. Rühren Sie ständig um und nehmen Sie die Pfanne vom Herd, sobald die Sesamsamen anfangen zu springen. Wenn Sie einen Samen zwischen den Fingern

* Ungeschälten Sesam gibt es je nach Sorte in verschiedenen Farben (goldgelb, rot, braun, schwarz), geschälter ist immer hell.

zerreiben und dann den Duft wahrnehmen können, sind sie genau richtig. *Achtung*: Sie dürfen auf keinen Fall anbrennen. Wenn sie braun werden, ist es schon zu spät!

Anschließend zerstoßen Sie den Sesam zusammen mit dem Salz, damit die Salzkörnchen vom Sesamöl umhüllt werden. Letztendlich sollten etwa 80 Prozent der Sesamsamen zu einem groben Mehl zermahlen sein. Wenn Sie sich für die traditionelle Methode mit Mörser und Stößel entscheiden, können Sie in ein „Suribachi" investieren, einen japanischen Tonmörser mit gerillten Seitenwänden, der Ihre Arbeit erleichtert. Aber ein herkömmlicher Mörser tut es auch. Falls Sie stattdessen einen kleinen Mixer oder eine elektrische Kaffeemühle benutzen, brauchen Sie nur ein paarmal kurz auf die Starttaste zu drücken, denn die Mischung soll ja körnig bleiben und sich nicht in eine Paste verwandeln.

Das fertige Gomasio füllen Sie in ein luftdicht verschlossenes Glas. Um es frisch zu halten, stellen Sie es am besten in den Kühlschrank. Dann wird es nicht ranzig und Sie profitieren von all seinen ernährungsphysiologischen Vorzügen. Hält sich 1 Monat.

VERSCHIEDENE VARIANTEN ...

Das klassische Gomasio lässt sich ganz nach Gusto abwandeln: Bei manchen Variationen geht es ums Aroma, bei anderen um die gesundheitliche Wirkung ... Ich selbst habe gern stets zwei oder drei Sorten griffbereit, die ich jeweils passend zu meiner Tagesstimmung, zum Aroma meiner Gerichte oder meinem aktuellen Vitalstoffbedarf einsetze. Denn unser Organismus hat unterschiedliche Bedürfnisse im Sommer oder Winter, am Morgen oder am Abend, bei großer geistiger Anstrengung oder in der Schwangerschaft! Hier ein paar Ideen dazu:

... mit anderen Nüssen, Kernen und Samen

Bleiben Sie beim Sesam, um in den Genuss seiner Vorzüge, gerade in Verbindung mit dem Meersalz zu kommen, aber ergänzen Sie ihn doch einfach noch durch weitere Samen. Wählen Sie Sorten und Mengenverhältnis ganz nach Ihrem eigenen Geschmack: **Mohn** wirkt entzündungshemmend und fügt Ihrer Mischung ein hübsches Blau hinzu, **Leinsamen** steuert einen nussigen Geschmack bei und ist zudem reich an ungesättigten Fettsäuren und Antioxidantien, **Hanf- und Leindottersamen** (hat nichts mit Leinsamen zu tun) senken den Cholesterinwert und beugen damit Herz-Kreislauf-Erkrankungen vor, alle Ölsaaten sind reich an hochwertigen pflanzlichen Proteinen, ungesättigten Fettsäuren und Mineralstoffen ...

Auch wenn es nicht notwendig ist, können Sie Mandeln, Haselnüsse, Kürbis- oder Sonnenblumenkerne rösten, um ihr Aroma deutlicher zur Geltung zu bringen ... Leinsamen sollten Sie zusammen mit den Sesamsamen zerstoßen, um von seinem gesunden Öl zu profitieren und um Ihre Zähne zu schonen.

... mit Kräutern, Gewürzen & Co.

Würzen Sie Ihr Gomasio doch einmal mit getrockneten Kräutern (Koriander, Thymian, Estragon ...) oder mit Gewürzen (Curry, Kreuzkümmel ganz oder gemahlen ...). Auch abgeriebene Schale von Bio-Zitrusfrüchten, die Sie einige Stunden getrocknet und grob zermahlen haben, sollten Sie ausprobieren. Sie können auch geschälten mit dem leicht bitteren ungeschälten Sesam mischen oder Sie wagen sich an besonders raffinierte Gomasio-Mischungen: mit Koriander und Pistazien, mit Orangenschale und Matcha ... Und warum nicht, einfach zum Spaß, ein Gomasio mit Parmesan?

GOMASIO DER GANZ BESONDEREN ART

Die bekannteste Gomasio-Variante ist sicher das **Algomasio**, eine Mischung aus Salz, Sesam und getrockneten Speisealgen. Wählen Sie eine Mischung aus getrockneten Algen, am besten in Form von Flocken. Fügen Sie Ihrem Gomasio etwa 1 Esslöffel Algenflocken auf 3 Esslöffel Gomasio hinzu. Dadurch erhöhen Sie den Gehalt an Mineralstoffen und Spurenelementen deutlich und bekommen zudem den Algengeschmack. Bestreuen Sie damit z. B. ein Pasta-Gericht!

Auch **aus gekeimten Samen** können Sie Gomasio machen: Nach dem Keimen (siehe Seite 48 ff.) trocknen Sie die Samen bei niedriger Temperatur (in der Sonne, im Backofen oder in einem Dörrautomaten), dann zerkleinern Sie sie vorsichtig und vermischen sie mit Salz und anderen Zutaten, ganz nach Ihrem Geschmack. Beim Zerkleinern und Mischen müssen Sie besonders gut aufpassen, dass Sie nicht aus Versehen eine Paste daraus machen ... (Fertiges Gomasio aus gekeimten Samen, Sesam, Kürbis, Sonnenblumen, Hanf, finden Sie unter der Bezeichnung „Orgasmic Buddha" bei einem französischen Online-Anbieter; siehe Bezugsquellen, Seite 252.)

HINWEISE ZUR VERWENDUNG

Geben Sie Ihr Gomasio erst nach dem Kochen über Ihre Speisen, um den Vitalstoffgehalt nicht zu verringern. Sie können es über Salate streuen, auf Rohkost oder Gemüse oder mit etwas pflanzlichem Öl (Haselnuss-, Raps-, Sesam-, Argan-, Kürbiskernöl ...) in einer Vinaigrette verrühren oder in ein Getreidegericht geben. Ebenso gut macht sich 1 Esslöffel davon auf einer Schale Suppe, auf Kartoffeln oder einem Teller Pasta (köstlich schmeckt es mit Algen und etwas Sesamöl auf japanischen Nudeln). Auch in vegetarische Pasteten oder Gemüseaufstriche gehört Gomasio unbedingt hinein.

Achtung: Kombinieren Sie nicht mehrere salzhaltige Zubereitungen (Miso, Tamari ...) in derselben Mahlzeit und reduzieren Sie unbedingt die Salzmenge beim Kochen, denn im Übermaß genossen, schadet es unserem Organismus.

Gomasio mit schwarzem Pfeffer und Kurkuma

Für 1 kleines Glas

10 EL ungeschälte Sesamsamen • 1 EL grobes Meersalz • 2 EL Kurkumapulver • 1 gestrichener TL frisch gemahlener schwarzer Pfeffer

1. Die ungeschälten Sesamsamen in einer heißen Pfanne etwa 1/2 Minute leicht rösten. Ständig umrühren und vom Herd nehmen, sobald sie anfangen zu springen.

2. Den Sesam zusammen mit dem Salz in der Kaffeemühle mahlen, damit die Salzkörnchen vom Sesamöl umhüllt werden; etwa 80 Prozent der Sesamsamen sollten zu einem groben Mehl werden.

3. Mit Kurkuma und Pfeffer vermischen.

Hinweise: Dieses Gomasio verleiht allen Gerichten eine feine haselnussartige Note. Entweder direkt zum Bestreuen verwenden oder in etwas Joghurt oder vegane Sahne einrühren und dann in eine Velouté, über Gemüse, ein Getreidegericht oder Crêpes gießen.

Das Gomasio mit Pfeffer und Kurkuma wird wie ein herkömmliches Würzmittel verwendet; es enthält aber doppelt so viele Vitalstoffe wie Sesam allein.

WISSENSWERTES, KÜCHENTIPPS & GERICHTE

von Klassisch bis Außergewöhnlich

Bratlinge
AUS GETREIDE

Getreidebratlinge gehören zum Einmaleins der vegetarischen Küche: In wenigen Minuten zubereitet, eignen sie sich perfekt, um aus Gemüseresten und einem kleinen Vorrat Getreidekörnern oder -flocken eine ausgewogene Mahlzeit zu zaubern ...

Die Grundzutat von Getreidebratlingen ist ... Getreide. In Form von Flocken, wenn es schnell gehen muss, gekocht, um z. B. Reis- oder Quinoareste zu verwerten oder auch als Mehl zum Binden der Zutaten. Ein Getreidebratling kann genauso auch Gemüse, Samen, Käse, Eier, Gewürze oder aromatische Kräuter enthalten ... Natürlich können Sie das Rezept auch abändern, wenn Sie lieber Eier, Gluten oder Kuhmilch weglassen und Hülsenfrüchte einarbeiten, um in den Genuss vollständiger Proteine zu kommen.

Im Folgenden stelle ich Ihnen nun die Zutaten vor, die Sie für die Zubereitung von Getreidebratlingen brauchen:

DA IST ZUERST EINMAL DAS GETREIDE ...

Die Zubereitung und die Beschaffenheit von Bratlingen unterscheiden sich je nachdem, welche Getreideform Sie verwenden. Während **Flocken** etwas Feuchtigkeit benötigen (vegane Milch, Joghurt oder Seidentofu) und vor dem Garen einige Minuten brauchen, bis sie weich werden und sich verbinden, kann bereits **gekochtes Getreide** direkt mit anderen Zutaten vermischt und sofort erhitzt werden, und die Bratlinge werden schön knusprig.

Kombinieren Sie Getreide ruhig mit **Ölsaaten** oder **Hülsenfrüchten**, damit Sie mit vollständigen Proteinen versorgt werden. Ein paar Ideen dazu: Hirse- und Adzukibohnenflocken, Grieß und grüne Erbsen (getrocknet), Kastanien- und Buchweizenflocken ... Da Quinoa (ein Pseudo-Getreide) alle essenziellen Aminosäuren enthält, können Sie es, wie auch Soja, allein verwenden.

Sie können Ihrer Zubereitung auch etwas **Tofu** (in kleinen Stücken oder püriert) beimischen oder Bratlinge mit **Okara** zubereiten, der protein- und ballaststoffreichen Sojapulpe, der bei der Herstellung von Sojamilch anfällt (siehe Kasten, Seite 65). **Mehl** muss nicht unbedingt einen hohen Glutengehalt haben, auch wenn das beim Binden der Zutaten hilft. Aus Kichererbsenmehl z. B., vermischt mit Wasser und ein wenig Olivenöl, lassen sich durch seine besondere Zusammensetzung einfache, nährstoffreiche Bratlinge herstellen.

... UND DANN DAS BINDEMITTEL ...

Um das Getreide im Bratling gut zu verbinden, können Sie Eier nehmen (1 Ei reicht für 3 bis 4 Bratlinge), aber es gibt eben auch andere, z. T. erstaunliche Lösungen. Wussten Sie z. B., dass Sie nur 1 Esslöffel gemahlenen **Leinsamen** mit 2 Esslöffeln Wasser für eine Paste verrühren müssen, die gut bindet, etwa so gut wie 1 Ei – vom Geschmack einmal ganz abgesehen? Sie können auch **Stärke** verwenden, wenn Sie Ihre Bratlingmasse mit etwas Milch oder **Seidentofu** anfeuchten (rechnen Sie ungefähr 300 Gramm Tofu pro 100 Gramm Mehl), dann werden Ihre proteinreichen Bratlinge besonders locker.

Frisch gemahlene Getreide und Hülsenfrüchte (Buchweizen, Linsen ...) lassen sich übrigens auch gut als Bindemittel in Flüssigkeit einrühren. Schließlich eignet sich auch **Käse** sehr gut, vorausgesetzt, Sie wählen einen Hartkäse und reiben ihn, bevor Sie ihn der Masse beigeben.

… SOWIE WEITERE ZUTATEN

Gemüse können Sie auf verschiedene Weise Ihren Bratlingen zufügen: in Stücken gegart, geraspelt (z. B. geriebene Karotten in einem Kichererbsen-Kreuzkümmel-Bratling) oder zu einem mehr oder weniger glatten Püree verarbeitet. Ein paar Vorschläge: Kürbis und Haferflocken, Auberginenpüree, rote Linsen und Weizengrieß, Hirse, Spinat und Hartkäse vom Schaf … Bereichern Sie außerdem Ihre Bratlinge mit **Gewürzen** und/oder aromatischen **Kräutern**, **Kürbis- oder Sonnenblumenkernen** (eventuell kurz geröstet), kleinen Zwiebeln, roh oder in Olivenöl kurz angeschwitzt …

Veggie-Bratlinge mit Haferkleie

Der berühmteste Bratling ist der mit Haferkleie: Diese Kleie enthält reichlich Proteine und Ballaststoffe, zudem soll sie den Fettabbau erleichtern.

Kreieren Sie Ihre 100-prozentige Veggie-Version mit einer Mischung aus 50 Gramm Haferkleie, 30 Gramm Mehl nach Wahl, 300 Gramm Seidentofu und weiteren Zutaten (Gemüse etc.), auf die Sie Lust haben!

NICHT ZU VERGESSEN: DIE BEILAGEN

Ideal für eine schnelle und dennoch ausgewogene Mahlzeit ist eine kleine Schale Rohkost dazu, mit Gomasio bestreut. Je nach Zusammensetzung Ihres Bratlings können Sie ihn auch mit gedünstetem Gemüse, einem Stück Käse oder einer schönen Schale Suppe genießen … Und natürlich passen zu Bratlingen allerlei Dips: Verrühren Sie einfach vegane Sahne und Joghurt, Nussmuse und andere aromatisierende Zutaten miteinander …

HINWEISE ZUR HALTBARKEIT

In Folie eingewickelt, halten sich Bratlinge im Kühlschrank problemlos einige Tage. Dann brauchen Sie sie nur in einer Pfanne zu erhitzen, entweder ohne Fett oder, wenn sie knuspriger werden sollen, mit etwas Olivenöl. Sie können sie auch einfrieren und dann im Backofen ein paar Minuten bei 170 °C (Umluft: 150 °C) erwärmen.

Apfel-Kürbis-Bratlinge mit Haferflocken

Für 4 Personen

80 g Haferflocken • 2 Eier • 1 TL Quatre-épices • 150 g Hokkaido-Kürbis, gewürfelt und gekocht • 1/2 Apfel • 50 ml Sojamilch • 2 EL Einkornmehl • 1 EL Olivenöl • Salz, Pfeffer

Alle Zutaten vermengen. Salzen, pfeffern. 20 Minuten ruhen lassen, dann mit angefeuchteten Händen aus der Masse 4 Bratlinge formen. In der Pfanne in Olivenöl auf jeder Seite 3 bis 4 Minuten goldbraun braten.

Okara-Bratlinge mit Koriander und Sesam

Für 6 Bratlinge

300 g Okara • 2 Eier • 100 g Vollkornreismehl • 2 EL Sesamsamen • 1 EL Koriander, fein gehackt • 1 EL Olivenöl • Salz, Pfeffer

Alle Zutaten gründlich vermengen. Aus der Masse mit angefeuchteten Händen Bratlinge formen, flach drücken und in einer Pfanne in Olivenöl bei geringer Hitze auf jeder Seite 2 bis 3 Minuten braten.

Kichererbsen-Bratlinge mit Sesam und Kreuzkümmel

Für 2 Personen

1 EL Sesamsamen • 1/2 TL Kreuzkümmelsamen • 50 g Kichererbsenmehl • 1/2 TL Salz • 70 ml Wasser • 2 EL Olivenöl

Sesam und Kreuzkümmel in einer kleinen Pfanne ohne Fett rösten. Das Kichererbsenmehl mit dem Salz und den gerösteten Samen vermischen. Nach und nach 70 Milliliter Wasser einrühren, dann 1 Esslöffel Olivenöl dazugeben. Gut vermengen und 10 Minuten ruhen lassen. Mit angefeuchteten Händen Bratlinge formen und in der Pfanne im restlichen Olivenöl auf jeder Seite 2 Minuten braten.

Warum nicht auch mal als Dessert?

Aromatisieren Sie Ihren Teig mit etwas Zucker, geben Sie geriebenen Apfel, Birnenwürfel oder rote Beeren (je nach Saison) dazu, ein paar Mandelsplitter oder Rosinen, eventuell sogar etwas Kakao oder geraspelte Schokolade ... Und wie wär's mit einem Müsli-Bratling zum Frühstück?

Quinoa-Parmesan-Bratlinge mit Sonnenblumenkernen

Für 4 Personen

60 g Quinoa • 120 ml Wasser • 40 ml Sojasahne • 2 EL Olivenöl • 2 EL Reismehl • 1 EL Sonnenblumenkerne • 20 g geriebener Parmesan • Salz, Pfeffer

1 Quinoa im Wasser aufkochen, Hitze reduzieren. Im geschlossenen Topf ausquellen lassen.

2 Mit der Sojasahne, 1 Esslöffel Olivenöl, dem Reismehl, den Sonnenblumenkernen und dem Parmesan vermengen. Salzen, pfeffern. Mit angefeuchteten Händen 4 Bratlinge formen.

3 Die Bratlinge in der Pfanne im restlichen Olivenöl braten, bis sie goldbraun und knusprig sind.

Getreidebratlinge gehören zum kleinen Einmaleins der vegetarische Küche!

VEGETARISCHE **Rillettes**

Für vegetarische Rillettes werden geraspeltes Gemüse, Sprossen und/oder Hülsenfrüchte mit etwas Sahnigem sowie Kräutern und Gewürzen vermengt. Sie dienen als Aufstrich für Sandwiches und Aperitif-Toasts oder als Füllung für Pilze. Ihrer Kreativität sind dabei keine Grenzen gesetzt – und einfach und viel gesünder als das traditionelle Rezept mit fettem Schweinefleisch sind sie allemal! Im Folgenden finden Sie noch einmal die Zutaten beschrieben, mit denen Sie köstliche vegetarische Rillettes zaubern können.

OHNE GEMÜSE GEHT NICHTS!

Von der Wahl des Gemüses hängt nicht nur der Geschmack, sondern auch die Konsistenz Ihres Aufstrichs ab: Mit rohem, geraspeltem Gemüse wie Kohl, Karotte oder Rote Bete erhalten Sie halb stückige, halb cremige Rillettes, während gekochtes Gemüse (Artischocken, grüne Bohnen) oder wässrige Rohkost (Radieschen, Gurke) ein glattes, homogenes Püree ergibt. Sie können Ihr rohes Gemüse auch kurz dampfgaren, um es etwas weicher zu machen. Probieren Sie auch einmal getrocknetes oder eingelegtes Gemüse (Tomaten, Auberginen) oder mischen Sie Ihrem Rezept etwas geriebenen Apfel bei (lecker mit Karotte oder Knollensellerie). Pilze können Fleisch geschmacklich sehr gut ersetzen, vor allem, wenn man sie vorher in etwas Öl mit Schalotten anbrät.

Auf jeden Fall sollten Sie Ihre Zutaten nach und nach mixen, um eine Konsistenz zu erhalten, die eher einer (festeren) Rillette entspricht als einem schlichten Brotaufstrich, und garen Sie Ihr Gemüse al dente, damit es noch etwas bissfest ist.

HÜLSENFRÜCHTE FÜR DIE KONSISTENZ

Hülsenfrüchte verleihen pflanzlichen Rillettes eine streichfähigere Konsistenz und einen „urwüchsigeren“ Geschmack. Sie können Rezepte aus 100 Prozent Hülsenfrüchten zubereiten oder sie mit geriebenem Gemüse mischen.

Ein paar Kombinationsideen: Karotten und rote Linsen, Artischockenherzen und helle Tellerlinsen, Butternut-Kürbis mit Äpfeln und weißen Bohnen ... Denken Sie daran, die Hülsenfrüchte vor dem Kochen einzuweichen; so sparen Sie Zeit und sie werden bekömmlicher (siehe Seite 40 ff.). Sie können sie anschließend entweder pürieren oder, wenn die Konsistenz grober sein soll, mit der Gabel zerdrücken.

KEIME UND SPROSSEN FÜR DIE VITALITÄT

Reichern Sie Ihre Rillettes mit gekeimten Samen an, die Sie ebenfalls pürieren können: Damit erhalten Sie mehr Aroma sowie eine Extraportion Vitalstoffe! Köstlich schmecken z. B. Alfalfa-Sprossen mit Karotten, 1 Prise Senfsprossen mit Linsen und getrockneten Tomaten ...

Falls Sie große Sprossen (Kichererbsen-, Adzukibohnensprossen) verwenden, können Sie sie 1 Minuten dampfgaren, um sie zarter und leichter verdaulich zu machen. Aber machen Sie besser keine Rillettes nur aus gekeimten Saaten. Da sie sehr energiereich und geschmacksintensiv sind, sollten sie nur in kleinen Mengen genossen werden.

PFLANZLICHE PROTEINE SCHENKEN EINE FLEISCHARTIGE KONSISTENZ

Wenn Sie vegetarische Rillettes zubereiten wollen, die den fleischhaltigen täuschend ähnlich sind, dann nehmen Sie doch pflanzliche Proteine: Seitan, stückig püriert, mit Pilzen und etwas Sahne, Räuchertofu und Adzukibohnen ...

Soja-Fleischersatz, z. B. in Form von Soja-Schnetzeln (siehe Seite 171), ist ebenfalls eine sehr gute Lösung, wenn es richtig gekocht wird: Sie werden alle überraschen, wenn Sie die Rillette stilvoll auf zünftigem Bauernbrot mit Gürkchen servieren.

UND NICHT ZU VERGESSEN: BINDEMITTEL, KRÄUTER & GEWÜRZE

Damit Sie die passende Konsistenz für Ihre Rillette erhalten, fügen Sie zum Binden entweder etwas vegane Sahne (Soja-, Hafer-, Dinkelsahne), Nussmus, Joghurt oder Seidentofu hinzu. Das ist besonders wichtig, wenn Sie sich für geraspelte Rohkost entschieden haben. Gleichzeitig geben Sie nun auch Gewürze und aromatische Kräuter (Knoblauch, Thymian, Lorbeer, Kreuzkümmel ...) dazu. Sie können sie auch mit einer Spur Miso oder ein paar Tropfen Tamari würzen.

Wenn's mal was anderes sein soll: Um vegetarischen Rillettes eine originelle Note zu verleihen, mischen Sie ihnen doch zur Abwechslung einmal Kastanien, schwarze oder grüne Oliven oder auch frische oder getrocknete Algen bei ...

Rotkohl-Rillette

Für 1 Glas

250 g Rotkohl • 2 TL weißes Mandelmus • 2 TL Walnussöl • 1 TL Hefeflocken • 1 TL Gomasio • Salz, Pfeffer

Den Rotkohl nach und nach im Mixer zerkleinern, um eine ungleichmäßige Konsistenz zu erhalten. In einer Schüssel das weiße Mandelmus mit dem Walnussöl, den Hefeflocken und dem Gomasio verrühren. Nach und nach zum Rotkohl geben. Salzen, pfeffern.

Linsen-Artischocken-Rillette

Für 1 Glas

100 g grüne Linsen • 1 Stück Kombu-Alge (etwa 5 cm) • 80 g Artischockenherzen (frisch oder aus dem Glas) • 1 EL Hafersahne • Salz, Pfeffer

Die Linsen waschen und in einem großen Topf Wasser mit dem Kombu kochen (siehe Seite 42), anschließend abgießen. Mit den abgetropften Artischockenherzen und der Hafersahne stückig pürieren. Salzen, pfeffern. Schmeckt warm oder kalt.

„Soja-Fleisch"-Rillette

Für 1 Glas

75 g Sojaschnetzel • 500 ml Gemüsebrühe • 2 Knoblauchzehen, gepresst • 1 Zwiebel, fein gehackt • 60 g Pflanzenmargarine • 1 TL braunes Miso • 2 TL Hefeflocken • Salz, Pfeffer

Die Sojaschnetzel in der lauwarmen Gemüsebrühe 30 Minuten einlegen. Knoblauch und Zwiebel ein paar Minuten in Margarine anschwitzen, die gut ausgedrückten Sojaschnetzel dazugeben. Mit 300 Millilitern der Gemüsebrühe aufgießen. Das Ganze mit halb aufgesetztem Deckel 20 bis 25 Minuten bei geringer Hitze köcheln lassen, bis alle Flüssigkeit verdampft ist. Im offenen Topf noch 1 bis 2 Minuten bei starker Hitze kochen lassen, anschließend Miso und Hefeflocken dazugeben und alles gut verrühren. Leicht salzen, pfeffern. Abkühlen lassen. Hält sich 4 Tage.

Karotten-Erdnuss-Rillette

Für 1 Glas

400 g Karotten • 1 EL Wasser • 2 gestrichene TL Erdnussmus, ungesalzen • 1 TL Panch Phoron (oder Kurkumapulver) • 1 EL Sojasahne • Salz, Pfeffer

❶ Die Karotten waschen und abbürsten, dann fein reiben (oder peu à peu im Mixer stückig zerkleinern).

❷ Mit 1 Esslöffel Wasser 2 Minuten dampfgaren oder dünsten, um sie weicher zu machen. Abgießen und gut ausdrücken.

❸ In einer Schüssel das Erdnussmus mit Panch Phoron (oder Kurkumapulver) und der Sojasahne verrühren. Die Karotten nach und nach dazugeben und alles gut vermengen, salzen, pfeffern und bis zum Servieren gut abkühlen lassen.

Dieses leichte Rillette passt perfekt zu einem Stück Vollkornbrot.

VEGETARISCHE Terrinen und Pasteten

Wollen Sie Ihre Gäste mit einer kulinarischen Überraschung oder einem Gemüse-Kunstwerk begeistern? Vegetarische Terrinen und Pasteten sind eine wunderbare Möglichkeit, mit saisonalen Produkten zu jonglieren ...

Schwierig ist es, den Unterschied zwischen einer herkömmlichen Pastete und einer Terrine zu definieren ... Außer der Garmethode (die Terrine wird in einem Ton-, Glas- oder Metallgefäß mit demselben Namen gebacken), sind auch ihre Zusammensetzung und ihre Konsistenz verschieden: Die Pastete besteht hauptsächlich aus Fleisch (Geflügel, Wild ...), während die Terrine zwar auch Fleisch enthalten kann, aber vor allem Fisch, Gemüse, verschiedene Gewürze und aromatische Kräuter, das Ganze gehackt, in Stücken oder in hübschen Schichten. (Außerdem fehlt der Terrine der umhüllende Teigmantel, der für die traditionelle Pastete typisch ist.)

In der Bio-Küche, wo Vegetarisches an erster Stelle steht, sollte eine Pastete also mehr oder weniger an Fleisch erinnern, während eine Terrine, gebacken oder nicht, dem Gemüse der Saison die Ehre gibt.

PASTETEN OHNE FLEISCH

Für eine herkömmliche Pastete vermengt man in der Regel Hackfleisch mit Eiern, entrindetem Weißbrot und Gewürzen und backt das Ganze. Ein ähnliches Ergebnis können Sie in puncto Geschmack und Konsistenz durchaus auch mit pflanzlichen Zutaten erzielen. Auf Brot und Eier können Sie ebenfalls verzichten, weil sich auch Getreide als Bindemittel eignet oder, noch besser, Hülsenfrüchte, deren deftiger Geschmack sehr gut dazu passt. Eine vegetarische Pastete besteht daher häufig aus Kichererbsen, Linsen oder Soja und Pilzen, Zwiebeln oder (gekeimten) Sonnenblumenkernen (siehe Tabelle Seite 51). Aroma geben Hefeflocken, Tamari, Tomatenmark oder Auberginenpüree und natürlich alle Gewürze und Kräuter, die Sie mögen. Als Fleischersatz eignen sich grob gehackter Seitan und Räuchertofu besonders gut.

Damit die Konsistenz nicht zu cremig ist, mixen Sie Ihre Zutaten eher grob und geben dem Ganzen anschließend mit gerösteten

Kürbiskernen oder Mandel- und Haselnussstückchen noch etwas mehr Biss.

Bei der Frage „Mit oder ohne Ofen?“ haben Sie die Wahl: Entweder mixen Sie Ihre Zutaten mit Eiern und etwas eingeweichtem Brot (ideal, um harte Brotreste zu verwerten), sofern Ihr Rezept keine oder wenig Hülsenfrüchte enthält. Dann geht es nicht ohne Ofen (30 Minuten bei 180 °C, Umluft: 150 °C). Oder Sie nehmen ungefähr zur Hälfte Gemüse, zur Hälfte Hülsenfrüchte, schichten Ihre Zubereitung ganz einfach in eine Kastenform oder Terrine und lassen sie im Kühlschrank fest werden. Für welche Version Sie sich auch entscheiden, vegetarische Pastete genießt man am besten auf Bauernbrot, mit Gürkchen, und zwar auf einer schönen karierten Tischdecke, ganz traditionell …

FARBENFROHE TERRINEN

In der Welt der Terrinen gibt es weniger feste Regeln als bei den Pasteten. Umso besser, denn so können Sie alles machen, worauf Sie Lust haben, und munter Gemüse, Käse, Getreide und andere Kleinigkeiten übereinanderschichten ... Bei der Zubereitung haben Sie zwei Möglichkeiten:

Für eine **Kuchenterrine** verrühren Sie Gemüsepüree mit Eiern, etwas Milch und gerade so viel Mehl wie zum Binden nötig und backen sie im Ofen. Das Ergebnis erinnert in seiner Konsistenz an Kuchen, ist aber feuchter. Sie können die Grundzutaten natürlich um Käse (Frischkäse oder geriebenen Hartkäse), (gekochtes) Getreide oder Samen (nach dem Mixen dazugeben) ergänzen.

Eine „Kuchenterrine“ ist nicht nur schnell gemacht, sie eignet sich zudem ausgezeichnet, um Gemüsereste zu verwerten. Diese Terrine lässt sich mit etwas Brot zum Aperitif, beim Picknick oder als Vorspeise genießen.

Ein paar Ideen: Hokkaido-Kürbis, Kastanienmehl und Haselnussmus; Brokkoli, Ziegenfrischkäse und Kürbiskerne; Spinat, Hirse und Pinienkerne. Achten Sie darauf, kein zu saftiges Gemüse zu verwenden, sonst bleibt die Masse beim Backen zu feucht und wird nicht richtig fest. Für eine vegane Terrine können Sie die Eier durch Seidentofu ersetzen und müssen dann etwas mehr Mehl nehmen.

Eine **Schichtterrine** braucht zwar etwas mehr Zeit für die Zubereitung, ist aber immer ein hübscher Hingucker. Die verschiedenen Schichten – abgewandelt nach Jahreszeit sowie Lust und Laune – fülllen Sie in eine Kastenform oder Terrine und stellen Sie sie entweder in den Backofen oder lassen sie im Kühlschrank fest werden. Anschließend wird sie aus der Form gestürzt.

Eine ideale Gelegenheit, um Gemüsesorten, die zu schade zum Pürieren wären (Spargel, Romanesco), zur Geltung zu bringen und mit den Farben zu spielen: grüne Frühlingsterrine (Erbsen, Kürbiskerne und frischer Koriander zwischen „Sahne“-Schichten aus Ziegenkäse und Pesto), orangefarbene Terrine zu Halloween (Butternut-Kürbis, Bio-Orangenzesten und Kurkuma-Polenta) oder eine sommerlich bunte Terrine (eingelegte gelbe Paprika, frische Tomatenwürfel und rote Linsen) ...

Normalerweise vermischt man vorgekochtes Gemüse und Getreide miteinander, aber Sie können auch rohe Zutaten verwenden (jungen Blattspinat, Sprossen, Gurkenwürfel oder Karottenstreifen). Um das Ganze zu binden, gibt es zwei Möglichkeiten: Entweder mit einer Eiercreme übergießen und im Ofen backen oder mehrmals eine cremige Schicht (auf der Grundlage von Käse oder Seidentofu) einfügen, alles gut festdrücken und im Kühlschrank fest werden lassen. Auch Polenta gibt der Terrine einen guten Halt.

Natürlich können Sie auch eine Dessertterrine machen: Schichten Sie Früchte der Saison, Crêpes oder Honigkuchen und ein paar Esslöffel vegane Sahne, mit Vanille, Zimt oder ätherischen Ölen aromatisiert, abwechselnd übereinander. In kleinen Gläschen als Einzelportion serviert, nennt sich das dann „Verrine“, eine Terrine im Glas.

Butternut-Birnen-Terrine mit Haselnüssen

Für 6 Personen

1 Butternut-Kürbis (etwa 1 kg) • 1/2 EL Honig • 1 TL Quatre-épices • 100 g Ziegenfrischkäse • 2 Eier • 1 Schafjoghurt • 1 Birne • 15 Haselnüsse • Salz, Pfeffer

Den Kürbis vierteln, die Kerne entfernen, schälen und in 3 bis 4 Zentimeter dicke Stücke schneiden. Das Fruchtfleisch mit dem Honig und Quatre-épices in einem Topf vermischen (mit etwas Wasser). Zugedeckt etwa 30 Minuten bei geringer Hitze garen, bis der Kürbis gerade weich genug ist. Die Eier mit Ziegenfrischkäse und Joghurt mixen, salzen, pfeffern. Die Birne waschen, entkernen und in kleine Würfel schneiden. Die Haselnüsse grob hacken. Die Hälfte des Kürbisfleischs auf dem Boden einer mit Backpapier ausgelegten Terrine verteilen, dann mit der Hälfte der Birnenwürfel und der Haselnüsse bedecken. Die Hälfte der Eiercreme darübergeben. Mit der zweiten Hälfte der Zutaten ebenso verfahren. Im Backofen 1 Stunde bei 170 °C (Umluft: 150 °C) backen. Vor dem Servieren abkühlen lassen.

Tipps: Damit Sie Ihre Terrine leichter aus der Form bekommen, feuchten Sie Boden und Wände der Form etwas an und kleiden sie dann mit Backpapier (wenn gebacken werden soll) oder mit Frischhaltefolie (für eine kalte Terrine) aus.

In jedem Fall lassen Sie die Ränder leicht überstehen, dann brauchen Sie das Ganze nur noch vorsichtig herauszuheben, wenn die Terrine fest bzw. gar ist.

Kichererbsenmehl – ein wahrer Zauberer, wenn es um Terrinen geht

Kichererbsenmehl ergibt eine sämige Paste, wenn es mit Wasser (500 Milliliter für 150 Gramm Mehl) verrührt und bei geringer Hitze ein paar Minuten unter Rühren eingedickt wird. Dann brauchen Sie die Paste nur noch zu aromatisieren (Curry, Kreuzkümmel), mit geraspeltem Gemüse zu mischen, das Ganze in eine Form umzufüllen und im vorgeheizten Backofen 30 Minuten zu backen. Eine schnelle Terrine, die wie durch Zauberei ganz von allein hält!

Vegane Linsenpastete mit Champignons

Für 4 bis 6 Personen

100 g helle Tellerlinsen • 1 Würfel Gemüsebrühe • 1 Knoblauchzehe, gepresst • 4 Schalotten • 1 EL Olivenöl • 300 g Champignons (oder andere Pilze) • 1 gestrichener TL Thymian • 1 Prise Muskatnuss • Salz, Pfeffer

1. Die Linsen waschen und abtropfen lassen, dann mit dem Brühwürfel in reichlich Wasser 40 Minuten kochen.

2. In der Zwischenzeit den Knoblauch mit den fein geschnittenen Schalotten im Olivenöl anschwitzen. Die geputzten Champignons in Scheiben schneiden und dazugeben, unter gelegentlichem Umrühren dünsten.

3. Die Linsen gut abtropfen lassen und zu den Champignons geben, mit Thymian und Muskatnuss vermengen. Salzen, pfeffern. Je nach gewünschter Konsistenz mehr oder weniger fein pürieren.

3

❹ In eine Kastenform oder Terrine füllen, gut festdrücken und einige Stunden kalt stellen. Hält sich 5 Tage.

Diese vegane Pastete ist einfach zuzubereiten und lässt sich je nach Saison und Gusto leicht abwandeln.

GEFÜLLTE
Kürbisse

Es gibt Dutzende von Kürbissorten mit unterschiedlicher Konsistenz und verschiedenem Geschmack und ebenso viele Arten, sie zuzubereiten. Sogar Kuchen lässt sich aus gekochtem und püriertem Fruchtfleisch backen!

Von September bis März finden Sie heutzutage in vielen Supermärkten Kürbisse – meist allerdings nur wenig unterschiedliche Arten: entfernte – und etwas fade – Verwandte der Sorte Hokkaido. Im Bioladen oder auf dem wöchentlichen Bauernmarkt können Sie ganz andere entdecken: in allen erdenklichen Farben und Formen, mit köstlichem Walnuss-, Butter- oder Kastanienaroma.
Der Kürbis ist das typische Beispiel für ein vergessenes Gemüse: Denn warum sonst wärmt sich so mancher lieber zum x-ten Mal mit einer Lauch-Kartoffel-Suppe auf und klagt zugleich, der Winter sei arm an Gemüse! Dabei gibt es doch kaum etwas Besseres als einen leckeren gefüllten Kürbis – gefüllt mit Getreide, verschiedenen Samen, Käse, Gewürzen und Gemüse der Saison ...

ES GIBT SO VIELE KÜRBISSORTEN!

Heutzutage soll es mehrere Hundert Kürbissorten geben: rote, weiße, grüne und schwarze, glatt oder gerippt, rund oder birnenförmig, groß oder klein. Jede Sorte hat ihr eigenes Aroma, eine andere Konsistenz und lässt sich verschieden verwenden. Ihr butterweiches Fruchtfleisch und ihr leicht nussiger Geschmack eignen sich für alle möglichen kulinarischen Experimente, insbesondere für süß-saure. Wenn Sie auf einen schönen Unbekannten treffen und nichts mit ihm anzufangen wissen, schälen Sie ihn (vor oder nach dem Kochen), entfernen seine Kerne (mitsamt dem faserigen Inneren), schneiden ihn in Stücke und dünsten diese. Oder garen Sie ihn als Ganzes bei 180 °C (Umluft: 150 °C) im Backofen, bis sein Fruchtfleisch weich ist (mit einem scharfen Messers prüfen), und öffnen ihn wie eine schöne Überraschung. Sie werden nicht enttäuscht werden. Anschließend können Sie ihn, je nach Gusto, mit etwas Olivenöl in der Pfanne anbraten, ihn zu einem Auflauf, Crumble oder einer Velouté verarbeiten. Hier ein kleiner Überblick über die gängigsten Kürbissorten:

Butternut-Kürbis

Diese ausgesprochen delikate Sorte ist mein Lieblingskürbis. Ihre längliche Form erinnert an eine große Birne oder eine Erdnuss und

ihr orangegelbes Fruchtfleisch ist noch ein wenig milder und süßer als das des Hokkaido-Kürbisses, mit einem leichten Buttergeschmack, wie der Name schon sagt. Gekocht und püriert, kann man daraus die Königin der Suppen zubereiten, eine wunderbare Kürbiscremesuppe: Sie können ihn mit Orangen, Ziegenkäse, milden Gewürzen und sogar Birnen kombinieren – eine erstaunliche Geschmacksverbindung. Die Schale des Butternut lässt sich leicht mit einem scharfen Messer oder einem Gemüseschäler entfernen, Kerne sitzen nur im unteren, runden Teil.

Chestnut-Kürbis

Chestnut-Kürbis ist eine Art Hokkaido-Kürbis, aber die Variante für Naschkatzen. Mild und süß, hat er einen feinen Maronengeschmack und leicht mehliges Fruchtfleisch. Das macht ihn zu einer ausgezeichneten Grundlage für Desserts aller Art: Muffins, Kompott (mit Äpfeln und Trockenfrüchten), Crumbles, Cakes (ersetzen Sie die Butter durch etwas Chestnut-Püree) ... Besonders lecker schmeckt er mit Schokolade!

Hokkaido-Kürbis

Er ist der beliebteste Winterkürbis. Mit seiner kugeligen Form, seinem festen Fleisch und seinem leuchtenden Orange eignet er sich ausnehmend gut für Rezepte mit gefülltem Kürbis – umso schöner, wenn Sie mit etwas Glück kleine Exemplare finden, die Sie als Einzelportion servieren können.

Der Hokkaido-Kürbis bietet sich als Partner für nahezu alle Zubereitungsarten an und sein kastanienähnliches Aroma verzaubert ebenso salzige wie süße Gerichte, am besten gut gewürzt (Quatre-épices, Panch Phoron, Zimt ...). Ein kleines Plus: Sie brauchen ihn nicht zu schälen, denn nach dem Garen ist die Schale gut essbar, besonders bei den kleinen Hokkaidos, die noch zarter sind.

Waschen Sie den Kürbis gründlich ab und backen Sie ihn ganz (je nach Größe) 20 bis 45 Minuten im Backofen. Danach halbieren Sie ihn und entfernen die Kerne. Versuchen Sie sich dann an einem Kastanienmehl-Crumble, einer Halloween-Tarte (geben Sie Kurkuma in den Teig und etwas Hartkäse, etwa Mimolette, in den Belag), einem Pilzrisotto oder einer Velouté mit Bio-Orangenzesten und Haselnussmus.

Pomme d'Or oder „Goldapfel"

Der vor allem in Frankreich beliebte kleine Kürbis hat eine ausgesprochen harte Schale. Versuchen Sie gar nicht, ihn zu schälen: Er ist eher zum Füllen geeignet. (Zum Kochen einstechen, sonst platzt die Schale!) Garen Sie ihn etwa 20 Minuten im Backofen (oder im Dampf) und bereiten Sie ihn dann folgendermaßen zu: Schneiden Sie einen Deckel ab und entfernen Sie die Kerne, füllen Sie den Kürbis mit etwas Sahnigem, mit Käse und geschmelzten Zwiebeln, schlagen Sie ein Ei darüber und geben Sie das Ganze wieder in den Backofen, bis das Eigelb fest ist. Dann brauchen Sie Ihren „Goldapfel" nur noch auszulöffeln! Sie können auch ein veganes Gericht zaubern, indem Sie ihn mit zerkleinertem festem Tofu, Gewürzen und Nüssen oder Mandeln füllen.

Der niedliche **Jack be little** ist wirklich hübsch; er sieht aus wie ein Mini-Gartenkürbis. Sein Fleisch ist noch zarter als das des Goldapfels ... Er eignet sich gut zum Füllen, muss aber behutsam behandelt werden!

SOMMERKÜRBISSE

Der bekannteste unter ihnen ist wohl die **Zucchini**. *Achtung*: Sie sind wesentlich weniger robust als die Wintersorten. Nicht so süß und eher wässrig, schmecken sie häufig etwas fade. Deshalb müssen sie auch anders zubereitet werden: Nötig ist eine ordentliche Dosis aromatische Kräuter oder etwas Knoblauch, am besten kombiniert mit anderem Gemüse der Saison. Versuchen Sie auch einmal, einen Patisson zu füllen – wegen seiner originellen Form auch „Bischofsmütze" oder „Ufo" genannt – das ist nicht ganz einfach, denn sein Fruchtfleisch ist relativ fest.

Spaghettikürbis

Er ist ideal, wenn Sie Kindern Gemüse schmackhaft machen wollen: Nachdem Sie ihn rund 30 Minuten im Backofen gegart haben, schneiden Sie ihn der Länge nach auf und entfernen die Kerne. Dann können Sie die Fasern seines Fruchtfleischs, die an Spaghetti erinnern, mit einer Gabel herausziehen. Bereiten Sie sie wie Pasta zu: mit etwas Sauce oder Pesto, als Gratin mit Sahne oder Béchamelsauce und Käse …

Süße von Berry

Diese in Frankreich beliebte Sorte gehört zu den Moschus- oder Muskatkürbissen. Sie schmeckt süßlich und ist deshalb ideal für Desserts, aber ihr Fleisch ist etwas wässriger. Sie können köstliche Konfitüren aus diesem Kürbis machen oder ihn in einem eher festen Kuchenteig verarbeiten.

DIE FÜLLUNG FÜR DEN KÜRBIS

Nehmen Sie alles, was Ihnen unter die Finger kommt! Das Prinzip ist immer dasselbe, egal welche Sorte Sie wählen: Garen Sie den Kürbis im Backofen oder im Dampf vor, schneiden

Sie oben einen Deckel ab, entfernen Sie die Kerne, füllen Sie ihn und geben Sie ihn wieder in den Backofen.

Wenn Sie eine vollwertige Mahlzeit zubereiten möchten, kochen Sie Getreide und/oder Hülsenfrüchte als Grundlage. Diese können Sie noch mit vollständigen Proteinen anreichern, durch Tofu, Seitan oder Tempeh, gewürfelt oder gehackt. Fügen Sie 1 oder 2 Eier hinzu, mit denen sich die Füllung binden lässt, oder Käse, wenn Sie es noch opulenter mögen. Das Kürbisfruchtfleisch (das Sie vorsichtig bis 1 Zentimeter vom Rand herausgenommen haben) geben Sie dazu sowie Gemüse der Saison oder einen Rest Püree (Maroni-, Kartoffeln-, Süßkartoffelpüree ...), Nüsse und Samen für mehr Biss (Mandeln, Walnüsse, Haselnüsse oder Sonnenblumenkerne), etwas vegane Sahne oder Öl, das Ganze kräftig gewürzt, vielleicht sogar mit ein bisschen Orangen- oder Clementinenschale (in Bio-Qualität). Ist der Kürbis gefüllt, können Sie ihn mit Paniermehl, Gomasio oder Hefeflocken bestreuen. Oder Sie bereiten ein Soufflé aus Hokkaido-Kürbisfleisch zu und servieren es in seiner „Originalverpackung". Sie haben eigentlich nur die Qual der Wahl!

HINWEISE ZUR HALTBARKEIT

Im Gegensatz zum Sommerkürbis, der nicht sehr lange frisch bleibt, hat der Winterkürbis eine dicke, harte Schale. Auch wenn er schon im Herbst geerntet wurde, können Sie ihn noch bis zum Frühling verzehren. Er sollte nur im Keller oder an einem anderen kühlen, trockenen Ort lagern. Sobald er allerdings angeschnitten ist, müssen Sie ihn (in Frischhaltefolie) im Kühlschrank aufbewahren. Hält sich 1 Woche. Auch zum Einfrieren ist er geeignet, nachdem er gekocht und gewürfelt oder zu Püree verarbeitet wurde.

UND WIE VERWERTET MAN DIE RESTE?

Wenn Sie etwas gekochtes Fruchtfleisch übrig haben, pürieren Sie es, vermengen Sie es mit Mehl und Eiern und formen Gnocchi daraus. Oder Sie verwenden es in süßem oder salzigem Gebäck: Cakes, Honigkuchen, Madeleines, Muffins (siehe Seite 231).

Wenn nur ganz wenig Fruchtfleisch übrig ist, mixen Sie es mit etwas Haselnussmus und einem Tropfen Agavendicksaft, verlängern Sie es mit Wasser, veganer Milch (Reis-, Mandel-, Dinkelmilch), Apfel- oder Orangen-

Erstaunlich gesund!

Während der langen Wintermonate ist der Kürbis unser wahrer Verbündeter: Er ist kalorienarm (nur 20 bis 60 Kalorien pro 100 Gramm), aber reich an Mineralstoffen (Phosphor, Magnesium, Kalzium und Kalium), Ballaststoffen und Vitamin C. Außerdem enthält er besonders viel Provitamin A: Dieser Star unter den Antioxidantien beugt Infektionskrankheiten vor und schützt das Immunsystem. Je intensiver die Farbe des Gemüses, desto mehr Provitamin A enthält es. Stürzen wir uns also auf die Sorten mit orangerotem Fleisch wie den Hokkaido- oder den Muskatkürbis ... Ihre Kerne stecken ebenfalls voller Proteine, ungesättigter Fettsäuren, Vitamin A und B und Mineralstoffe (Zink, Magnesium).

saft und reichen Sie diese Fruchtsauce zu Crêpes, einem Apfelkuchen oder Schokoladenküchlein. Oder Sie füllen damit den Kakaobiskuit, der zur *Bûche de Noël*, dem beliebten französischen Weihnachtskuchen, aufgerollt wird ...

Die Kerne schmecken köstlich, wenn Sie sich für ihre Weiterverarbeitung ein bisschen Zeit nehmen. Nach dem Waschen lassen Sie sie über Nacht trocknen und rösten sie dann 15 Minuten bei 170 °C (Umluft: 150 °C) im Backofen. Leider bleibt Ihnen das Schälen nicht erspart. Danach können Sie sie in Ihren Brotteig geben oder mit grobem Salz oder Gewürzen bestreut zum Aperitif oder im Salat servieren. Falls Sie nicht genug Zeit haben, können Sie sie auch fertig im Bioladen kaufen.

Hokkaido-Kürbis, gefüllt mit Orangen und Maronen

Für 4 Personen

1 großer Hokkaido-Kürbis (etwa 2 kg) • 100 g Quinoa • abgeriebene Schale von 1 Bio-Orange • 175 g gekochte Maronen, zerkleinert • 30 g Haselnüsse, gehackt • 80 g Parmesan, gerieben oder in Spänen • Salz, Pfeffer

Den Kürbis im Backofen etwa 25 Minuten bei 180 °C garen: Sie sollten ein Messer problemlos einstechen können. Einen Deckel abschneiden und die Kerne mitsamt den Fasern entfernen. Das Fruchtfleisch bis 1 Zentimeter von der Wand vorsichtig herauslösen. Quinoa kochen. Das Kürbisfleisch mit Quinoa, Bio-Orangenschale, Maronen, Haselnüssen und Parmesan vermengen. Salzen, pfeffern. Den Hokkaido mit dieser Mischung füllen und weitere 10 Minuten im Ofen backen.

Kürbis-Birnen-Konfitüre mit Kakao

Für 2 bis 3 Gläser

1 Muskatkürbis, z. B. „Süße von Berry“ (etwa 1 kg) • 500 g Birnen • 500 g heller Rohrohrzucker • 1 gehäufter EL ungesüßter Kakao

Den Kürbis vierteln, von den Kernen befreien und schälen. Birnen waschen und entkernen. Beides in Stücke schneiden und mit dem Zucker in einem Topf mit schwerem Boden verrühren. 30 Minuten ruhen lassen. Gut durchrühren, zum Kochen bringen und etwa 1 Stunde köcheln lassen: Es soll nur wenig Flüssigkeit übrig bleiben. Pürieren, bis die gewünschte Konsistenz erreicht ist. Den Kakao dazugeben, gut umrühren und die Konfitüre in Schraubgläser füllen. Auf den Kopf stellen, 24 Stunden warten, dann im Kühlschrank aufbewahren. Hält sich 3 Monate.

Hinweis: Am Ende der Kochzeit lässt sich die Konfitüre mit 1 Teelöffel Agar-Agar zusätzlich etwas andicken (siehe Seite 214 ff.).

Hokkaido-Kürbis mit Champignons und Cantal

Für 4 Personen

2 mittelgroße oder 4 kleine Hokkaido-Kürbisse • 400 g Champignons • 1 EL Olivenöl • 1 Knoblauchzehe, gepresst • 2 EL Hafersahne • 2 Eigelb • 1 EL Hefeflocken • 3 EL Haferflocken • 50 g Rohmilchkäse, z. B. Cantal

1 Die Kürbisse waschen und 15 Minuten dampfgaren, bis sie schön weich sind (mit der Spitze eines Messers überprüfen). Jeweils einen Deckel abschneiden und die Kerne entfernen.

2 Die Champignons putzen und vierteln. In einer Pfanne bei starker Hitze mit dem Olivenöl und dem Knoblauch anbraten, bis ihr Wasser verdampft ist.

3 Die Hafersahne zuerst mit den Eigelben, dann mit den Hefe- und Haferflocken und dem in Späne gehobelten Käse verrühren. Zu den Champignons geben.

3

4 Die Mischung in die Kürbisse füllen, die Deckel wieder auflegen und im Backofen 20 Minuten bei 180 °C backen.

Mit einer Füllung aus Getreide oder Hülsenfrüchten ist ein Kürbis eine vollwertige Mahlzeit.

VEGGIE-
Burger

Der Veggie-Burger ist eines der wenigen typisch vegetarischen Gerichte, die wirklich jeder mag. Aus gutem Grund: Sie kommen einem klassischen Burger sehr nah – allein das Fleisch fehlt, das einem äußerst leckeren pflanzlichen Bratling mit zahlreichen Varianten Platz macht. Falls Sie noch ein bisschen Zeit übrig haben, können Sie sogar die Brötchen selbst machen: Erfolg garantiert!

Vielerorts sucht man auf den Speisekarten der Restaurants immer noch vergeblich nach vegetarischen Gerichten – der berühmte Rohkostteller entspricht nicht gerade einer vollwertigen Mahlzeit. Dennoch kann man fast immer dort, wo Hamburger angeboten werden, auch einen Veggie-Burger bekommen, also eine vegetarische Variante. Die bekannteste aller Fast-Food-Ketten bietet schon in vielen verschiedenen Ländern welche an!

Liegt es daran, dass er fast so einfach zu machen ist wie ein herkömmlicher Burger? Oder schmeckt er einfach so gut, dass selbst Fleischesser ihren gewohnten Burger gelegentlich für eine vegetarische Ausnahme stehen lassen? Wie dem auch sei, der Veggie-Burger ist eine richtige, komplette Mahlzeit: proteinreich, außerdem bekömmlicher und leichter als sein Vorbild, vor allem, wenn Sie den Cheddar gegen einen veganen Käse tauschen und als Beilage einen leckeren frischen Salat oder fettarm frittierte Gemüsesticks wählen.

DER BURGER ...

Im Internet findet man zahlreiche Varianten, vom Portobello-Burger (Riesenchampignons, mit ihrer Marinade gegrillt und zwischen zwei Brötchenhälften platziert), der in den USA sehr beliebt ist, bis zum erstaunlichen Hacksteak aus Soja-Fleischersatz, das dem Original so nahekommt, dass viele den Unterschied gar nicht bemerken. Ich persönlich habe eine Vorliebe für Rezepte mit Hülsenfrüchten (Soja, Adzukibohnen), die sich mit dem Getreide des Brötchens sehr gut zu vollständigen Proteinen ergänzen.

Allein mit Soja lassen sich zahlreiche Veggie-Burger-Varianten kreieren: Nehmen Sie beispielsweise **festen Tofu** oder **Seidentofu** und pürieren Sie diesen einfach vor dem Garen zusammen mit den anderen Zutaten mehr oder weniger stückig. Seidentofu mit seiner joghurtähnlichen Konsistenz benötigt zur Stabilisierung mehr Bindemittel sowie andere Lebensmittel mit ausreichend fester Konsistenz. Da Tofu fast keinen Eigengeschmack besitzt, können Sie die weiteren Zutaten ganz nach Belieben auswählen! Sie können auch bereits aromatisierten Tofu nehmen (geräuchert, milchsauer vergoren, mit Kräutern oder Gewürzen).

Die Verwendung von **Soja-Fleischersatz** ist auch nicht besonders kompliziert. Es handelt sich dabei um verschiedene Produkte aus entfettetem und entwässertem Sojamehl, die an getrocknete Schwämme erinnern: Wenn Sie sie in Wasser legen, bekommen sie eine fleischartige Konsistenz. Diesen Fleischersatz gibt es als Granulat, feine, mittlere und grobe Schnetzel und Würfel bis hin zu Medaillons und Steaks zu kaufen. Er enthält viel Protein, wenig Fett und kein Cholesterin. Sie können ihn im Bioladen oder Reformhaus kaufen und wie Fleisch zubereiten, nachdem Sie ihn 15 Minuten in Wasser oder Gemüsebrühe und in eine würzige Sauce oder Marinade eingelegt haben. Je nach den gewählten Zutaten bekommt er eher einen Rindfleisch- oder einen Hähnchengeschmack. Für einen Burger verwenden Sie vorzugsweise feine Sojaschnetzel; sie eignen sich besser zur Imitation von Hackfleisch.

Tempeh, ein Produkt aus fermentiertem Soja, das man vakuumverpackt im Kühlregal von Bioläden findet, schneiden Sie in Scheiben und braten es mit etwas Öl oder Tamari an – das macht seinen milden Geschmack würziger. Geschmacklich unterscheidet es sich deutlich von Fleisch, ernährungsphysiologisch ist es indessen sehr interessant.

Natürlich können Sie **Soja** auch im Urzustand verarbeiten: Behandeln Sie es in diesem Fall wie Hülsenfrüchte und denken Sie daran, es lang genug einzuweichen und zu kochen, damit es seine Antinährstoffe verliert.

Bei den **Hülsenfrüchten** haben Sie die Wahl: Adzukibohnen werden gern wegen ihres Geschmacks, aber auch wegen ihrer Farbe verwendet, die nach dem Kochen an Rindfleisch erinnert. Sie können auch Kichererbsen als Grundlage nehmen (sie lassen sich mit Zwiebeln, Koriander, Sesammus und Zitronensaft in einen „Falafel-Burger" verwandeln) oder rote Linsen wegen der kurzen Garzeit und der leicht exotischen Note (mit Kreuzkümmel, geriebenen Karotten, Erdnussmus ...) oder andere Linsen, Trockenbohnen oder Erbsen verwenden.

Hülsenfrüchte können Sie zusätzlich mit **Getreide** kombinieren, um das Aroma zu verändern und die Nährstoffzufuhr zu verbessern. Wofür Sie sich auch entscheiden, vergessen Sie nicht, dass Sie eines der weiter unten aufgelisteten Bindemittel brauchen, um Ihren Burger zusammenzuhalten.

Seitan (siehe Seite 56 ff.) ist ebenfalls ein sehr guter Ersatz für Rindfleisch, aufgrund seiner erstaunlich fleischartigen Konsistenz und seines pilzähnlichen Geschmacks. Als Hacksteak im Burger schmeckt er sehr lecker. In Stücke geschnitten können Sie es mit Ihren Wunschzutaten (kleine Zwiebeln, Senf, Miso) zu einem wirklich verblüffenden Ergebnis mixen.

Außerdem gibt es noch viele andere Möglichkeiten, Ihren Burger zu verfeinern: Meistens werden Pilze, Walnüsse oder Hefeflocken verwendet, da sie an Fleisch oder Käse erinnern.

Natürlich sollten Sie Ihren Burger auch mit verschiedenen **Würzmitteln** aromatisieren (frische oder getrocknete Kräuter, Gewürze, Sojasauce, Zitronensaft). Mit rohem **Gemüse** (geriebenen Karotten, Roter Bete) oder gekochtem Gemüse (Kürbis, Paprika, Spinat) sowie mit **gerösteten Samen**, ob ganz oder gemahlen, sorgen Sie für eine zusätzliche Dosis Ballaststoffe und Vitamine. Vergessen Sie nicht, etwas **Fett** (hitzebeständiges Pflanzenöl, Nussmus) dazuzugeben und das Ganze zu **binden**: mit einem Ei, Mehl (am wirksamsten ist Kichererbsenmehl), Stärke, Haferflocken oder -kleie oder Leinsamenpaste (siehe Seite 243). Pürieren Sie alle Zutaten mehr oder weniger stückig, je nach gewünschter Konsistenz, formen Sie Bällchen, drücken Sie sie mit leicht angefeuchteten Händen (nicht mit Mehl!) flach, damit sie in Form und Größe wie kleine Hacksteaks aussehen. Dann müssen Sie sie nur noch in einer eingefetteten Pfanne auf jeder Seite ein paar Minuten braten und Ihre Veggie-Burger anrichten.

... UND DAS BRÖTCHEN

Im Netz finden sich zahlreiche Rezepte für Hamburger-Brötchen. Meist handelt es sich um ein Hefebrötchen, mit Sesam oder Mohn bestreut; es wird aus einem Teig hergestellt, der in der Regel etwas Zucker, zerlassene Butter oder Öl und manchmal ein Ei oder Milch enthält, damit es noch fluffiger wird. Selbstverständlich können Sie die Mehle variieren oder mischen (Sie sollten aber mindestens zur Hälfte glutenhaltiges Mehl nehmen, sofern Sie keine Unverträglichkeit haben), Backhefe anstelle von Backpulver verwenden (dann müssen Sie dem Teig die doppelte Zeit zum Gehen geben), ihr Brötchen mit Gewürzen oder Kräutern nach Wahl aromatisieren und es mit Sonnenblumen- oder Kürbiskernen oder mit Lein- oder Sesamsamen bestreuen. Falls Sie sich vegan ernähren, ersetzen Sie das Ei durch ein wenig Leinsamenpaste (siehe Seite 243). Wenn Sie ein Rezept gefunden haben, das Ihnen zusagt, backen Sie mehr Brötchen als nötig und frieren Sie einige für das nächste Mal ein!

Hausgemachte Hamburger-Brötchen

Für 6 Brötchen

250 g Weizenmehl Type 550 • ½ TL Salz • 10 g Rohrohrzucker • 1 Päckchen Trockenbackhefe • 120 ml Sojamilch + 1 EL zum Bräunen • 60 ml Olivenöl • 1 Ei • 1 EL Sesamsamen

❶ In einer Schüssel Mehl, Salz, Zucker und Hefe vermischen, eine Mulde hineindrücken. Die Sojamilch leicht erwärmen und in die Mulde gießen.

❷ Durchrühren, das Olivenöl und das verquirlte Ei dazugeben, dann den Teig zu einer geschmeidigen, homogenen Kugel verkneten (falls der Teig zu sehr klebt, etwas Mehl dazugeben).

3 Bei Zimmertemperatur etwa 1 Stunde gehen lassen, bis der Teig sein Volumen verdoppelt hat. Rasch durchkneten, um die Luftblasen entweichen zu lassen, und in 6 gleich große Kugeln teilen. Auf ein mit Backpapier ausgelegtes Backblech setzen, leicht flach drücken, mit etwas Sojamilch bepinseln und mit Sesam bestreuen.

4 Noch einmal 30 Minuten gehen lassen. Im Backofen etwa 15 Minuten bei 175 °C (Umluft: 150 °C) backen. Abkühlen lassen.

SAUCEN, DIPS & CO.

Ganz wie der klassische Burger wird auch der Veggie-Burger mit allerlei Saucen und Dips angerichtet. Wenn Sie es traditioneller mögen, servieren Sie ihn mit etwas Senf, samt 1 Spritzer Agavendicksaft, mit hausgemachtem Ketchup oder veganer Mayonnaise (siehe Seite 98 ff.).

Doch Sie können auch Ihre eigenen Varianten mit Seidentofu oder Nuss- und Samenmusen kreieren: Algen- oder Misocreme, Mandel-Zitronen- oder Sesam-Koriander-Sauce, Erdnuss-Dip ...

Ersetzen Sie ruhig einmal das ewige Trio „Tomate, Zwiebel, grüner Salat" durch Gemüse und Rohkost der Saison (Feldsalat, Rote Bete oder hauchdünn geschnittene Champignons, gegrillte Aubergine oder eingelegte Paprika, Karotten-Tagliatelle ...), Sprossen für einen ordentlichen Vitaminschub oder tauschen Sie den Cheddar gegen den bekömmlicheren Ziegen- oder Schafskäse aus. Sie können Ihre Veggie-Burger auch mit veganem Käse (siehe Seite 110 ff.) zubereiten, je nachdem als Frischkäse oder in Scheiben.

DIE BESTEN BEILAGEN

Pommes frites sind lecker, aber nicht gerade gesund. Wenn Sie einen konsequent gesunden Veggie-Burger wollen, ohne auf Ihre Lieblingsbeilage zu verzichten, packen Sie Ihre Fritteuse weg und braten Sie die Kartoffelstifte im Backofen oder in der Pfanne, mit wenig Fett (Oliven- oder Traubenkernöl). Sie können auch Gemüse-Pommes-frites testen, vor allem im Winter, denn Pastinaken, Süßkartoffeln und Hokkaido-Kürbisse mit ihrem festen, aber butterweichen Fleisch eignen sich hervorragend dazu.

Schneiden Sie das Gemüse in Stäbchen, vermischen Sie diese mit 1 bis 2 Esslöffeln Olivenöl, Gewürzen (Panch Phoron, Quatre-épices, Kurkuma, Kreuzkümmel ...) und 1 Teelöffel flüssigem Honig, wenn Sie mögen. Braten Sie sie ein paar Minuten von allen Seiten in der Pfanne oder backen Sie sie, locker verteilt auf einem mit Backpapier ausgelegten Backblech, 30 bis 40 Minuten bei 200 °C (Umluft: 180 °C) im Ofen. Andere Möglichkeit: Gemüsechips in allen Farben aus violetten Kartoffeln, Kürbis, Pastinaken oder Roter Bete (Rezept Seite 30).

Selbstverständlich können Sie zum gehaltvollen Brötchen – selbst wenn der Burger darin vegetarisch ist – einen einfachen Salat oder leicht gegarte Gemüseblätter der Saison reichen. Auf jeden Fall ist der Veggie-Burger aus Hülsenfrüchten und Getreide zusammen mit seinen abwechslungsreichen Beilagen tatsächlich eine vollwertige Mahlzeit!

Der schnelle Burger

Im Bioladen können Sie bereits fertige vegane Burger aus Tofu oder Seitan, verschieden gewürzt, kaufen. Diese brauchen Sie nur noch kurz in der Pfanne anzubraten. Geben Sie sie zwischen zwei dünne Scheiben Brot oder in ein Hefebrötchen, mit ein paar Zwiebelringen und etwas Senf – dieser Veggie-Burger ist in weniger als 10 Minuten fertig!

Tofu-Burger

Für 2 Personen

200 g Champignons • 3 EL Olivenöl • 1 Zwiebel • 100 g Räuchertofu • 1 EL Hefeflocken • 1 TL Tamari • 2 EL Kichererbsenmehl • 2 TL Senf • 1/2 TL Agavendicksaft • 2 Burger-Brötchen • etwas Feldsalat oder Sprossen

Die Champignons waschen, putzen und klein schneiden. In einer Pfanne mit 1 Esslöffel Olivenöl anbraten, bis ihr Wasser verdampft ist. Die Zwiebel fein würfeln und in 1 Esslöffel Olivenöl anschwitzen. Den Räuchertofu mit den Champignons, den Hefeflocken und dem Tamari stückig pürieren. Mit Zwiebelwürfeln und dem Kichererbsenmehl vermengen. 2 flache Burger formen und in der Pfanne mit etwas Olivenöl auf jeder Seite 2 bis 3 Minuten anbraten. Die Brötchen aufschneiden. Senf und Agavendicksaft verrühren, die Innenseiten der Brötchen damit bestreichen, Burger darauflegen und mit Feldsalat oder Sprossen belegen. Zuklappen und servieren.

Scharfer Burger aus roten Linsen

Für 4 Personen

1 kleine rote Paprika • 1 gestrichener EL Cashewmus • 2 Prisen Cayennepfeffer • 250 g gekochte rote Linsen • 1 Ei • 50 g Vollkornreismehl • etwas Olivenöl • 4 Burger-Brötchen • 1 kleine Zwiebel, in Ringe geschnitten • Salz, Pfeffer

Die Paprika waschen und unter dem Grill des Backofens 20 Minuten grillen, dabei regelmäßig wenden, bis sie Blasen wirft. 15 Minuten lang in einen luftdichten Beutel geben, dann die Haut abziehen, Kerne und weiße Teile entfernen. Mit dem Cashewmus und dem Cayennepfeffer stückig pürieren und kühl stellen. Die roten Linsen mit Ei und Reismehl vermengen. Salzen, pfeffern. Mit angefeuchteten Händen 4 flache Burger aus der Linsenmasse formen und in einer Pfanne mit etwas Olivenöl auf jeder Seite 3 Minuten braten. Die Brötchen aufschneiden, mit der Paprikacreme bestreichen, mit Zwiebelringen und dem Linsen-Burger belegen und zudecken.

„Chicken"-Burger aus Sojaschnetzeln

Für 4 Personen

500 ml Gemüsebrühe • 100 ml Tamari • 100 g feine Sojaschnetzel • 2 EL Hefeflocken • 1 Knoblauchzehe, gepresst • 2 EL Olivenöl + etwas Öl zum Braten • 1 gehäufter EL helles Sesammus (Tahin aus geschältem Sesam) • 2 EL Zitronensaft • 2 gestrichene EL Pfeilwurzelstärke • 4 Burger-Brötchen • 2 EL vegane Mayonnaise • 2 Tomaten • Salz, Pfeffer

1 Die Gemüsebrühe zubereiten, vom Herd nehmen, das Tamari dazugeben und die Sojaschnetzel 15 Minuten darin einweichen.

2 Abtropfen lassen, mit den Händen ausdrücken und mit Hefeflocken, Knoblauch, Olivenöl, Sesammus, Zitronensaft und Pfeilwurzelstärke kurz im Mixer stückig pürieren. Salzen, pfeffern. Burger formen.

3 Die Burger in der Pfanne mit etwas Olivenöl auf jeder Seite einige Minuten braten.

3

4 Die Brötchen aufschneiden, mit Mayonnaise bestreichen, mit den Burgern und mit Tomatenscheiben belegen, zuklappen und servieren.

Mit vollwertigen Zutaten in Bio-Qualität wird ein Burger zu einer absolut gesunden Mahlzeit!

Müsliriegel KOMPONIEREN

Der Müsliriegel ist die Zwischenmahlzeit par excellence – als Imbiss für Kinder und für Eilige oder als kleiner Snack nach dem Sport. Immer überaus lecker gibt es ihn roh oder gebacken – ein gesunder Energiespender, vor allem, wenn Sie ihn mit Nüssen, Trockenfrüchten, gekeimten Samen oder „Superfoods" aufwerten.

Getreide ist die Grundlage von Müsliriegeln. Abwechslung macht Freude! – Probieren Sie unterschiedliche Mischungen aus, um immer wieder ein anderes Aroma und eine andere Optik zu erhalten. Mischen Sie ruhig auch Hülsenfrüchte darunter für Ihre Ration vollständige Proteine.

Für gebackene Riegel aus dem Ofen eignen sich Mehle aus Getreide am besten. Um eine ausgewogene Zufuhr an Mineralstoffen zu erreichen, testen Sie doch einmal neue Mehle: Amarant ist ein glutenfreies Pseudogetreide mit leichtem Haselnussaroma; Kamut, eine ältere Weizensorte, schmeckt mild und löst seltener Allergien aus als herkömmlicher Weizen; Kokosmehl, ballaststoffreich und mit niedrigem glykämischem Index, verleiht den Zubereitungen eine etwas sandige Konsistenz; Sojamehl, fein und luftig, gibt einen leichten Röstgeschmack. Vergessen Sie nicht, dass Sie Ihr Getreide selbst mahlen können – so schmeckt es noch intensiver und enthält mehr Vitalstoffe.

Flocken gehören eigentlich in jeden Müsliriegel. Die bekanntesten sind nach wie vor die Haferflocken, doch mittlerweile gibt es auch viele andere Getreidesorten und Hülsenfrüchte in Flockenform. Für rohe Riegel nehmen Sie am besten geröstete Hafer-, Hirse-, Kastanien- oder Sojaflocken: Sie sorgen für Stabilität und machen knusprig. Weizen-, Roggen-, Einkorn-, Kamut-, Reis- oder Buchweizenflocken sind günstiger für gebackene Riegel, denn hier verbinden sich die Flocken mit den anderen Zutaten aufs Köstlichste.

Sie können auch gepuffte Buchweizen-, Weizen-, Reis- oder Quinoakörner (in der Art von Popcorn) verwenden. *Achtung*: Erwarten Sie nicht, dass gepuffter, karamellisierter Mais knusprig ist. Im Gegenteil: Ihre Müsliriegel werden dadurch eher weich und luftig. Backen ist damit auf jeden Fall nicht notwendig.

Denken Sie auch an gekeimte Samen: In rohen oder (bei maximal 42 °C) getrockneten Riegeln liefern sie viele Vitamine und Mineralstoffe (siehe Seite 48 ff.). Verwenden Sie sie bevorzugt in salzigen Riegeln, wegen ihres unnachahmlichen „grünen" Geschmacks. Ein paar Vorschläge: Buchweizen, Linsen, Quinoa ...

Und hier schließlich die schnelle Variante: Nehmen Sie einfach das Müsli, das Sie gerade vorrätig haben, oder Granola (siehe unten) für Ihre Riegel.

Hausgemachtes Granola
Müsli ist eine Mischung aus Getreideflocken, Ölsaaten und Nüssen bzw. Trockenfrüchten, die in Milch oder Joghurt eingeweicht werden. Um Knuspermüsli oder Granola herzustellen, nimmt man dieselbe Grundlage, süßt sie und röstet sie im Backofen.

Lassen Sie im Wasserbad etwas Sirup (Agave, Ahorn, Reis, Honig...) mit ein paar Tropfen geschmacksneutralem Öl schmelzen und mengen Sie Flocken, Ölsaaten und Nüsse darunter, ganz nach Geschmack. Verteilen Sie das Ganze auf einem mit Backpapier ausgelegten Blech und backen es im Backofen etwa 30 Minuten bei maximal 170 °C (Umluft: 140 °C). Dann die Trockenfrüchte dazugeben und abkühlen lassen.

Für **Granola-Riegel** etwas Fett und ein Bindemittel nach Wahl hinzufügen, die Masse in eine mit Backpapier ausgelegte Kuchenform füllen, festdrücken und im Backofen 20 Minuten bei 180 °C (Umluft: 150 °C) backen. Die Masse noch warm in Riegel schneiden. Auskühlen lassen und erst danach die Riegel voneinander lösen.

TROCKENFRÜCHTE, NÜSSE UND ÖLSAATEN

In einen Müsliriegel können Sie fast alles hineinpacken, am gängigsten sind Trockenfrüchte aus Trauben, Äpfeln, roten Beeren ... Wenn Sie die Trockenfrüchte 30 Minuten einweichen und mit dem Einweichwasser pürieren, verbindet sich diese Fruchtmasse sogar mit dem Getreide und dient dabei als natürliches Süßungsmittel. Am besten eignen sich dafür Bananen, Feigen und Datteln.

Ansonsten schneiden Sie Trockenfrüchte zuerst in kleine Stücke und fügen Sie sie nach dem Zerkleinern der anderen Zutaten hinzu. Auch mit frischem Obst können Sie ihre Riegel anreichern; dann müssen sie aber rasch aufgebraucht werden. Reife Bananen sind ein ausgezeichnetes Bindemittel: am besten pürieren, mit den anderen Zutaten vermengen, in eine Kuchenform füllen, festdrücken und über Nacht im Kühlschrank fest werden lassen.

Auch Nüsse, Kerne und Ölsaaten gehören unbedingt dazu: Ganz oder grob zerkleinert, machen sie Ihre Riegel knusprig, während sie als Mus die Riegel butterweich machen und als Mehl (möglichst frisch gemahlen) alle Zutaten gut miteinander verbinden. Natürlich können Sie Ihre Nüsse und Samen auch ein paar Stunden einweichen und nach dem Abspülen zu einer aromatischen und nährstoffreichen Paste pürieren. Dies empfiehlt sich vor allem bei rohköstlichen Riegeln, denn hier bleibt der durch das Keimen erhöhte Vitalstoffgehalt auch erhalten.

Vergessen Sie auch nicht die anderen Samen, die Sie der Masse beimischen oder mit denen Sie Ihre Riegel bestreuen können: Mohsamen, Kürbis-, Sonnenblumenkerne ... Gemahlener, mit etwas Wasser vermischter Leinsamen ist zudem ein hervorragendes Bindemittel (siehe Seite 243).

Kokosnuss ist ebenfalls eine erstklassige Zutat, denn sie kann Müsliriegeln in jeder Form beigemischt werden: in knusprigen Raspeln oder als Mehl, das die Masse butterweich macht, oder auch als Öl. Da es bei Zimmertemperatur fest ist, lassen sich die Riegel damit zusammenhalten und nehmen sein köstliches Aroma an. Mischen Sie Kokosnuss mit getrockneten roten Beeren, Kakao, Cashewkernen ...

Kakao verfügt über ähnlich vorteilhafte Eigenschaften: Als (ungesüßtes) Pulver geht er eine sehr gute Verbindung mit den anderen Zutaten ein und gibt ihnen eine dezente würzige Note. Die Kakaobutter, bei Zimmertemperatur ebenfalls fest, verleiht den Getreideanteilen Stabilität und ein ganz feines, mildes Aroma. Im Bioladen können Sie Kakao in Rohkostqualität kaufen – damit bereichern Sie Ihre Riegel mit Antioxidantien und viel Magnesium (roher Kakao ist eine der besten pflanzlichen Magnesiumquellen). Geben Sie also rohköstliches Kakaopulver, -butter oder auch -nibs in Ihre Riegel, die Sie dann natürlich nur bei maximal 42 °C trocknen.

Als Süßungsmittel wählen Sie das, was Ihnen in puncto Geschmack und Konsistenz am meisten zusagt: Sirup (Agaven-, Apfel-, Ahornsirup), Honig oder Melasse verbinden sich zwar gut mit den anderen Zutaten, machen die Riegel aber etwas klebrig, während sich Rohrohrzucker besser zum Backen eignet. Aber denken Sie daran, dass schon andere Zutaten (Trockenfrüchte, Gewürze, Schokolade ...) Ihre Riegel süß machen, dosieren Sie also mit Bedacht!

Gewürze und andere aromatische Beigaben (Zimt, Vanille, Ingwer) geben Ihren Kreationen ebenfalls Charakter, genauso wie Kaffee, Schokolade oder die Schale von Bio-Zitrusfrüchten.

In solchen hochwertigen Riegeln, die uns einen echten Energie-Kick geben sollen, dürfen auch die „Superfoods" nicht fehlen: etwa Spirulina in einem salzigen Riegel, Acerola in einem Frucht- oder Carob in einem Schokoriegel ...

Zuletzt die salzigen Riegel: Sie bestehen aus (eventuell gekeimtem) Getreide, diversen Samen, eingelegtem oder getrocknetem Gemüse (Tomaten, Auberginen) oder sogar Rohkost (geriebene Karotten, Kürbis oder Rote Bete) – eine ausgezeichnete Möglichkeit, stets eine schnelle Zwischenmahlzeit für unterwegs griffbereit zu haben.

DIE MÜSLIRIEGEL ZUBEREITEN

Das Prinzip von Müsliriegeln ist einfach: Man mahlt, püriert (mehr oder weniger stückig) oder hackt die Zutaten und vermischt dann die trockenen (Getreide, Nussmehle, Gewürze) mit den feuchten Zutaten, die als Bindemittel fungieren (Banane, Trockenfrüchte, Leinsamenpaste, Nussmus ...).

Dann verteilen Sie die Masse mit angefeuchteten Händen auf dem Boden einer mit Backpapier ausgelegten Form, die Sie anschließend in den Kühlschrank, Backofen oder Dörrautomaten stellen. Rohköstliche Riegel brauchen einige Zeit, um im Kühlschrank fest zu werden.

Auch **im Dörrautomaten** können Sie rohe, knusprige Riegel mit sehr hohem Vitalstoffgehalt zubereiten, vor allem, wenn Sie gekeimte Samen, Kakao in Rohkostqualität oder eingeweichte Nüsse, Kerne oder Ölsaaten verwenden.

Im Backofen trocknen Sie die Riegel bei 40 °C (Umluft: 20 °C) oder im auf 50 °C (Umluft: 30 °C) vorgeheizten und dann ausgeschalteten Ofen.

Als Form können Sie alles nehmen, was Sie gerade zur Hand haben: runde, quadratische oder rechteckige Tartelette-Formen, Glasbehälter, Backformen mit kleinen Vertiefungen ...

Rohe Quinoa-Cashew-Riegel mit Cranberrys

Für 4 Riegel

80 g Cashewkerne • 1 EL Leinsamen • 3 EL Wasser • 40 g gepufftes Quinoa • 30 g Cranberrys

Die Cashewkerne 4 Stunden in reichlich kaltem Wasser einweichen, abspülen und trocknen. Die Cranberrys halbieren oder vierteln. Den Leinsamen fein mahlen und mit dem Wasser verrühren. Die Cashewkerne mehr oder weniger stückig pürieren und mit der Leinsamenpaste, dem Quinoa und den Cranberrys vermengen. Auf dem Boden einer mit Backpapier ausgelegten eckigen Form oder in Einzelförmchen verteilen. Über Nacht im Kühlschrank ruhen lassen. Aus der Form nehmen und in Riegel schneiden. Hält sich 3 Tage.

Weiche Buchweizen-Bananen-Riegel mit Kakao

Für 4 Riegel

100 g Buchweizen • 1 Banane (etwa 100 g) • 2 gehäufte TL ungesüßter Kakao (möglichst in Rohkostqualität) • 2 TL Haselnussmus

Den Backofen auf 50 °C (Umluft: 30 °C) vorheizen. Den Buchweizen in einer Pfanne ohne Fett 1 bis 2 Minuten rösten. 1 Esslöffel davon beiseitestellen, den Rest fein mahlen. Die anderen Zutaten dazugeben, alles zu einer homogenen Paste pürieren, die ganzen Buchweizenkörner unterrühren. In einer mit Backpapier ausgelegten kleinen Form verteilen. In den Backofen geben, den Ofen ausschalten und 4 Stunden trocknen lassen, ohne die Backofentür zu öffnen. Mindestens 2 Stunden in den Kühlschrank stellen.

1

2

Weiche Haferriegel mit Heidelbeeren und Mandelmus

Für 15 Riegel

100 g Haferflocken • 50 g Haferkleie • 250 ml Reismilch • 2 Eier • 80 g weißes Mandelmus • 100 g heller Rohrohrzucker • 100 g Reismehl • 1 Prise Salz • 150 g Heidelbeeren

1 Den Backofen auf 180 °C (Umluft: 150 °C) vorheizen. Haferflocken und -kleie mit Reismilch, Eiern und Mandelmus vermengen.

2 Zucker, Mehl und Salz dazugeben. Gut verrühren, dann die gewaschenen und abgetropften Heidelbeeren vorsichtig unterheben.

3 In eine mit Backpapier ausgelegte etwa 24 x 24 Zentimeter große Form füllen.

3

4 Im Backofen 25 bis 30 Minuten backen, bis der „Kuchen“ goldbraun ist.

5 Abkühlen lassen, aus der Form nehmen und in Quadrate oder Rechtecke schneiden.

KOCHEN MIT **ätherischen Ölen**

Ätherische Öle sind Zauberkünstler. Sie schaffen es, einem schlichten Rezept eine raffinierte und mitunter überraschende Note zu verleihen – und das auf ganz natürliche Weise. Stellen Sie sich Ihre eigene Palette mit Ihren Lieblingsaromen zusammen und gehen Sie beim Kochen neue Wege!

Ätherische Öle (oder Aromaöle) sind stark duftende flüchtige Substanzen, die durch Wasserdampfdestillation aus Pflanzenteilen (Blüten, Blätter, Samen, Rinde, Früchte oder Wurzeln) gewonnen werden. Diese Extrakte sind ausgesprochen teuer, weil für einen einzigen kleinen Flakon sehr viel Pflanzenmaterial gebraucht wird (1 Tonne Pflanzen für 1 Liter Geraniumöl!). Allerdings sind sie sehr sparsam im Gebrauch, denn sie sind so reich an Wirkstoffen, dass 1 bis 2 Tropfen genügen, um ein ganzes Gericht zu aromatisieren. Außerdem sind sie auch im Bad und Arzneischrank von Nutzen, denn ätherische Öle werden auch in der Naturkosmetik und der sanften Medizin (Aromatherapie) angewandt.

Lichtgeschützt hält sich ein ätherisches Öl in der Regel mehrere Jahre, aber bei ätherischem Öl aus Zitrusfrüchten empfiehlt es sich, sie im Kühlschrank aufzubewahren und nicht länger als 1 Jahr zu verwenden.

WARUM ÄTHERISCHE ÖLE VERWENDEN?

Erstens, weil sie natürlich sind, im Gegensatz zu den chemischen Aromastoffen, die unseren Nahrungsmitteln oft zugesetzt sind. Zweitens, weil sie – nach dem Kochen hinzugefügt – gesundheitliche Vorteile bieten: Sie entspannen, wirken antiviral und unterstützen unser Verdauungssystem. Und drittens, weil Geruch und Geschmack dieser Aromaöle einzigartig sind: Zum Beispiel ist das ätherische Öl aus der Mandarinenschale runder, weniger bitter als die Schale selbst. Da sie flüssig sind, können wir sie unglaublich vielseitig einsetzen: Versuchen Sie doch einmal, einen Fondant au chocolat mit Stückchen von Minzblättern zu aromatisieren! Noch ein Vorteil: Ätherische Öle sind stets griffbereit und zu jeder Jahreszeit erhältlich …

Obwohl es mehr als 400 Sorten ätherische Öle gibt, eignen sich nur rund 30 davon für eine Verwendung in Nahrungsmitteln (siehe Bezugsquellen, Seite 252). Wählen Sie stets hochwertige Aromaöle, möglichst in Bio-Qualität, vor allem bei Zitrusfrüchten, da sich Pes-

tizide in der Schale der Früchte anreichern. Lesen Sie das Etikett ganz genau. Darauf muss angegeben sein: der deutsche Name der Pflanze, ihr (lateinischer) botanischer Name, der verwendete Pflanzenteil, Herkunftsregion oder -land, das Mindesthaltbarkeitsdatum und die Chargennummer. Gehen Sie sicher, dass es sich um 100 Prozent naturreines und unverdünntes Öl handelt. Damit haben Sie alle Informationen und können sich auf das Aroma und die gesundheitsfördernden Eigenschaften Ihres Öls verlassen.

Zum Beispiel enthält der Breitblättrige Lavendel (*Lavandula latifolia*) mit dem leichten Kampfergeschmack wesentlich mehr Wirkstoffe als der blumigere Echte Lavendel (*Lavandula officinalis*) oder der Lavandin, eine weniger empfindliche Art.

HINWEISE ZUR VERWENDUNG

Aufgrund ihrer starken Wirkung müssen Sie ätherische Öle stets verdünnen, etwa mit Fetten (Pflanzenöl, Butter, Nuss- und Samenmuse), Eigelb, Alkohol (der auch ihr Aroma entfaltet), Honig, Sirup (z. B. Agave oder Reis) oder Joghurt (tierisch oder vegan), bevor Sie sie einer Zubereitung beimischen. Sie können Aromaöle auch erhitzen, etwa beim Kuchenbacken, dann müssen Sie allerdings die Dosierung anpassen, denn in manchen Fällen kann der Backvorgang ihr Aroma abschwächen. Auch in einer Dessertcreme, einer Mayonnaise oder Velouté schmecken diese Extrakte köstlich ...

In allen Fällen gilt: Weniger ist oft mehr, sonst besteht die Gefahr, dass der Geschmack Ihres Gerichts vom übermächtigen Aroma des ätherischen Öls völlig überdeckt wird. Manche besonders intensive Sorten (Ingwer, Zimt, Oregano) müssen Sie vor ihrer Verwendung unbedingt verdünnen, um sie etwas abzumildern. So können Sie sich aromatisierte Öle, Alkoholika, Muse, Honig oder Sirups zubereiten, die Sie dann nur tropfenweise dosieren. Solche Zubereitungen halten sich sehr gut in kleinen Schraubgläsern, und Sie brauchen nur ein wenig davon, um eine Vinaigrette oder einen Kuchenteig zu verfeinern, einer Schale Gemüse oder Getreide Ihre ganz persönliche Note zu verleihen oder Ihre ganz speziellen warmen und kalten Getränke zu kreieren.

MEINE FÜNF LIEBLINGSÖLE

Welche ätherischen Öle Sie am liebsten mögen und welche verschiedenen Kombinationen damit Ihrem Geschmack am meisten entsprechen, erfahren Sie am besten in der Praxis. Natürlich können Sie so viele verschiedene kaufen, wie Sie mögen, vor allem, wenn Sie sie häufig verwenden, doch ich persönlich komme mit einem halben Dutzend sehr vielseitiger Öle gut aus, die ich hier und da sparsam einsetzen ...

Geraniumöl verzaubert mit seinem leichten Rosenduft, macht Süßes zum wahren Gaumenschmaus und bringt rote Früchte ganz wunderbar zur Geltung. Probieren Sie es einmal in einer Erdbeerkonfitüre, einem Clafoutis (süßen Fruchtauflauf mit Kirschen) oder in einer Eiscreme.

Achtung: Geraniumöl kann schnell eigenwillig schmecken, wenn Sie es zu großzügig verwenden. Um das Schlimmste zu verhindern, verdünnen Sie es mit etwas Agavendicksaft (1 Tropfen auf 3 Esslöffel Agavendicksaft): Diesen Sirup können Sie auch als Grundlage für ein Sommergetränk oder zum Süßen eines Tees aus roten Beeren verwenden.

Echtes Lavendelöl bringt etwas Sommerstimmung und viel Raffinesse in alle möglichen Rezepte. Im Unterschied zu den getrockneten Blüten, die Sie ebenfalls in der Küche einsetzen können, ist es viel einfacher in der Anwendung. Es harmoniert gut mit gelben Sommerfrüchten (Pfirsich, Honigmelone, Aprikose) in Obstsalaten, Konfitüren oder Crèmes brûlées, die Sie mit ein paar getrockneten Lavendelblüten garnieren dürfen. Aber auch einem Zucchinigratin oder einem Auberginenaufstrich gibt es eine überraschende Note. Und wenn Sie sich trauen, die Jahreszeiten zu mischen, kombinieren Sie es mit Orange! Um ein Duftöl herzustellen, rechnen Sie 2 bis 3 Tropfen Echtes Lavendelöl auf 100 Milliliter Oliven- oder Rapsöl.

Süßes Orangenöl ist einer meiner Klassiker im Winter. Rund und warm erinnert es an den bekannten Geruch der Orangenschale (ohne seine charakteristische Bitterkeit) und aromatisiert alle möglichen Speisen, von der Sauce über Marmelade bis zu Gebäck. Dank seiner Milde ist es leicht zu handhaben; es bringt starke Aromen wie Schokolade, Kastanie, Sesam, Kürbis oder Honig- und Lebkuchen besonders gut zur Geltung. Aber Sie können auch etwas Neutraleres wie eine Sauce aus weißem Mandelmus, eine Vanillecreme oder einen mit einem Hauch Zimt gewürzten Rührkuchen damit aromatisieren. Orangenöl passt auch erstaunlich gut zu Ahornsirup, z. B. auf Crêpes.

Achtung: Wenn Sie es zum Backen verwenden, müssen Sie die Dosis etwas erhöhen! Rechnen Sie 1 Tropfen für eine Vinaigrette, etwa 6 Tropfen für 1 Glas Konfitüre und rund 10 Tropfen für einen Kuchen.

Pfefferminzöl schmeckt hervorragend in einem Schokoladendessert, vor allem, wenn dies eine butterzarte Konsistenz hat (Mousse, Sauce oder Crème brûlée), aber es passt auch sehr gut zu Erdbeeren, in einen Salat oder einen veganen Joghurt.

Achtung: Wegen seines kräftigen, frischen Aromas sollten Sie es sehr sparsam einsetzen. Am besten verwenden Sie es in einem Sirup (1 Tropfen ätherisches Öl der Ackerminze (*Mentha arvensis*) auf 6 Esslöffel Agavendicksaft), den Sie einem Obstsalat beimischen oder zum Süßen eines Minztees nehmen.

Gut zu wissen: **Das ätherische Öl der Pfefferminze (*Mentha x piperita*) hilft gegen Übelkeit und Kopfschmerzen und unterstützt die Verdauung. Nicht umsonst harmoniert sie so gut mit Schokolade!**

Zitronenöl ist eines der vielseitigsten Öle, denn die Frucht, aus der es gewonnen wird, ist ein echter Tausendsassa. Geben Sie es in einen Kuchenteig, eine Mayonnaise oder ein Kompott, würzen Sie Honig, weißes Mandelmus oder grünen Tee damit oder kombinieren Sie es mit Ingwer, Algen, Karotten oder verschiedenen Gewürzen (Zimt, Kreuzkümmel, Vanille ...). *Sein Vorzug:* Es ist weniger konzentriert als die meisten ätherischen Öle und ein Tropfen zu viel wird Ihr Gericht nicht verderben! Wenn Sie es allein verwenden, etwa in einem Rührkuchen oder einem Lemon Curd, können Sie ruhig noch Zitronenschale und/oder -saft dazugeben, dann erhalten Sie ein noch reichhaltigeres Gesamtaroma.

Für ein hausgemachtes Zitronenwasser verrühren Sie 8 Tropfen in 2 Esslöffel Agavendicksaft und geben dies in 1 Liter Wasser (mit oder ohne Kohlensäure). Garnieren Sie das Ganze mit frischen Minzblättern und Zesten von Bio-Zitrusfrüchten.

Mandel-Zitronen-Mayonnaise

Für 2 Personen

30 g weißes Mandelmus • 1 EL vegane Sahne (Hafer- oder Sojasahne) • 1 Tropfen Zitronenöl

Das weiße Mandelmus mit der veganen Sahne verrühren. Das Zitronenöl dazugeben. Mit Fenchel- oder Karottenstiften servieren.

Roter Beerensalat mit Geranium

Für 2 Personen

250 g rote Beeren nach Wahl (Himbeeren, Erdbeeren, rote Johannisbeeren ...) • 1 EL Geraniumsirup (1 Tropfen Geraniumöl auf 3 EL Agavendicksaft) • 2 TL Blaumohnsamen

Die Beeren mit dem Geraniumsirup vermischen. Mit Blaumohn bestreuen.

Fondants au chocolat mit Haselnuss-Orangen-Aroma

Für 2 Personen

100 g Zartbitterschokolade • 1 EL heller Rohrohrzucker • 1 Ei • 30 g Haselnussmus • 2 Tropfen Orangenöl, süß • 1 EL vegane Sahne (Reis-, Sojasahne) • 1 EL Vollkornreismehl

Die Schokolade mit 1 Esslöffel Wasser bei geringer Hitze im Wasserbad schmelzen. Mit dem Zucker, dann mit Ei, Haselnussmus, Orangenöl, veganer Sahne und Mehl verrühren. Die Masse in 2 geölte und bemehlte Förmchen füllen und im Backofen 12 Minuten bei 170 °C (Umluft: 150 °C) backen. (Innen sollte das Küchlein noch flüssig sein). Vor dem Servieren etwas abkühlen lassen.

Gut zu wissen: Ätherische Öle enthalten hoch konzentrierte Wirkstoffe. Einige von ihnen sind deshalb als echte Arzneimittel einzustufen. Im ersten Drittel der Schwangerschaft und in der Stillzeit dürfen Sie ätherische Öle nicht verwenden, bei Kindern unter 6 Jahren und empfindlichen Menschen ist ebenfalls absolute Vorsicht angesagt! Auf jeden Fall sollten Sie sich von Ihrem Arzt beraten lassen.

Erste Hilfe bei einem Unfall: Wenn ätherisches Öl in die Augen gelangt ist, umgehend mit viel klarem Wasser ausspülen. Dann einen Arzt aufsuchen.

Bei Haut- oder Schleimhautreizung: Gut verträgliches Pflanzenöl (z. B. süßes Mandelöl) auf die gereizte Stelle geben, damit sich das ätherische Öl darin lösen und dann abgetupft werden kann.

Kastanien-Mandarinen-Blini

Für 10 Blini

100 g Vollkornreismehl • 50 g Kastanienmehl • 2 EL Rohrohrzucker • 2 Eier • 2 Tropfen Mandarinenöl • 150 g Sojajoghurt • etwas Olivenöl

1 Das Reismehl mit dem Kastanienmehl und dem Zucker vermischen.

2 Die Eier untermischen.

3 Das Mandarinenöl und den Sojajoghurt dazugeben und gut verrühren.

4 Kleine Schöpflöffel voll Teig in der Pfanne in etwas Öl ausbacken.

Diese leichten, aromatischen Blini sind ganz einfach und schnell gemacht!

KOCHEN MIT Blütenwasser

Da Ihnen ätherische Öle nun schon vertraut sind, fragen Sie sich bestimmt, was genau Blütenwässer sind und vor allem, wie Sie diese verwenden können ...

Blütenwasser, auch Hydrolat genannt, ist ein Nebenprodukt bei der Gewinnung von ätherischen Ölen. Bei der Destillation von Pflanzen nimmt der Wasserdampf nämlich dieselben Wirkstoffe aus der Pflanze auf wie das ätherische Öl, allerdings in viel geringerer Konzentration.

Der Destillationsdampf kühlt ab und schlägt sich als Kondensat nieder. Die aromatische Kraft dieses Blütenwassers fällt viel geringer aus, das Geschmackserlebnis ist also wesentlich feiner. Daher ist es viel einfacher zu handhaben als das ätherische Öl, denn es besteht nicht die Gefahr der Überdosierung.

Hydrolate sind von sehr unterschiedlicher Qualität: Kaufen Sie im Bioladen oder im Online-Handel (siehe Bezugsquellen, Seite 252) und nehmen Sie sich die Zeit, über die Wochenmärkte zu gehen, wo kleine Händler bisweilen mit wahren Schätzen aufwarten. Eine breite Auswahl an Blütenwässern finden Sie auch auf Spezialmessen. Ebenso wie bei den ätherischen Ölen gibt es zahlreiche Hydrolate, die sich nicht alle für eine kulinarische Verwendung eignen. Häufig dienen sie der Hautpflege oder werden eingenommen zur sanften Behandlung kleinerer Beschwerden. Einige gut ausgewählte Blütenwässer, in der Regel aus aromatischen Pflanzen, Gewürzen oder Blüten, reichen aus, um Ihren Gerichten eine besondere Note zu verleihen ...

Hinweis: **Hydrolate sind empfindlicher als ätherische Öle. Vor Wärme und Licht geschützt, halten sie sich meist einige Monate bis 2 Jahre. Normalerweise sind sie deshalb in dunklen Fläschchen abgefüllt. Lassen Sie sich beim Kauf beraten!**

HINWEISE ZUR VERWENDUNG ...

Wegen ihres empfindlichen Aromas sollten Sie Hydrolate auf keinen Fall mitkochen: Sonst nehmen Sie am Ende gar nichts mehr davon wahr! Da sie löffel- und nicht tropfenweise dosiert werden, könnten sie die Konsistenz Ihrer Speisen durchaus verändern. Deshalb sind sie besser geeignet für eine rohe Verwendung, am besten in einer wässrigen Trägersubstanz (Vinaigretten, Saucen, Kräutertees und kalten Getränken). Sie sind auch hervorragend geeignet, Kinder mit neu-

en Aromen bekannt zu machen, denn Blütenwässer sind selbst für sie vollkommen unbedenklich. Sie werden sogar oft bei Kleinkindern bei Verdauungsbeschwerden (Kamille) oder Schlafstörungen (Lavendel) eingesetzt.

… in Kräutertees und warmen Getränken

Sie können einfach Wasser oder Milch erwärmen und dann über etwas Blütenwasser gießen. Oder Sie brühen einen klassischen Kräutertee auf und geben ihm mit etwas Hydrolat zusätzliches Aroma – und damit wohltuende Wirkung. Ein paar Ideen:

- **Schlaftrunk:** 2 Teelöffel Orangenblütenwasser und 1 Teelöffel Honig in 200 Milliliter lauwarme Mandelmilch geben. Ideal vor dem Schlafengehen.
- **Verdauungstee:** 1 Teelöffel Melissenblütenwasser in 1 Tasse Kamillen- oder Verbenetee hineinrühren. Ideal nach dem Essen.

... in kalten Getränken
Blütenwässer sind sehr erfrischend und eignen sich deshalb besonders gut für Kühles. Geben Sie etwas Hydrolat in einen Obst- oder Gemüsesaft, in hausgemachte Limonade oder in eine Kaltschale ...

- **Erfrischender Saft:** 1 Esslöffel Melissenblütenwasser mit dem Saft von 1/2 Gurke und 2 Teelöffeln Zitronensaft verrühren.
- **Hausgemachte Limonade:** Saft von 3 Zitronen mit 60 Millilitern Agavendicksaft und 2 Esslöffeln Pfefferminzblütenwasser verrühren und dann in 1 Liter frisches Wasser gießen.
- **Erdbeerkaltschale** (für 2 Personen): 400 Gramm Erdbeeren, gewaschen und entstielt, mit 2 Teelöffeln Rosenblütenwasser und 1 knappen Esslöffel Agavendicksaft im Mixer pürieren.

... in Saucen und Vinaigretten
Am besten verwenden Sie Blütenwässer in Ihrer Küche, ohne sie zu kochen. Wenn Sie also eine Sauce oder Vinaigrette damit verfeinern, haben Sie im Nu ein Pasta-Gericht oder einen Obstsalat aromatisiert.

- **Mandelcreme mit Rosmarin:** 1 Esslöffel weißes Mandelmus mit 1 Teelöffel Rosmarinblütenwasser verrühren und mit etwas Wasser verlängern, bis eine sämige Creme entsteht. Salzen, pfeffern und mit einer Champignonpfanne oder Dampfkartoffeln servieren.
- **Orangen-Lavendel-Vinaigrette:** 2 Teelöffel Lavendelblütenwasser mit 3 Teelöffeln Orangensaft und 1 1/2 Esslöffeln Rapsöl verrühren. Mit einem grünen Salat, einer Schale Reis (mit getrockneten Lavendelblüten garniert) oder mit einer reifen Honigmelone anrichten.
- **Sommerlicher Obstsalat mit Koriander** (für 2 Personen): 1 Esslöffel Korianderblütenwasser mit 2 Teelöffeln Agavendicksaft verrühren und 300 Gramm gewürfelte gelbe Früchte (Honigmelone, Pfirsiche, Aprikosen) damit übergießen.

... zum Aromatisieren von Speisen
Sie können auch etwas Blütenwasser in ein Kompott (Äpfel, Zimt und Orangenblütenwasser; Birnen und Verbenewasser; Aprikosen und Lavendelwasser) geben, in einen veganen Joghurt (weiße Mandeln und Orangenblütenwasser, mit Honig gesüßt; Soja und Rosenblütenwasser, mit Pistaziensplittern bestreut) oder eine Gemüse-Velouté (grüne Gemüsesorten und Thymian- oder Estragonwasser) rühren ... Pfefferminzblütenwasser schmeckt köstlich in einer Mousse au chocolat. Fügen Sie auf jeden Fall das Hydrolat am Ende der Garzeit hinzu, damit es nicht zu heiß wird.

LES ARÔMES
de fleur
Oranger
Cook

Frische Algen
ZUBEREITEN

Für die meisten von uns spielten frische Algen bislang keine Rolle, doch inzwischen finden sie sich immer häufiger auf der Speisekarte der großen Restaurants, und auch in der heimischen Küche wagt sich der ein oder andere Chef de Cuisine an ihre Zubereitung. Frische Algen sind leicht zu konservieren und nach kurzem Entsalzen auch einfach zu kochen – zudem sind sie ausgesprochen reich an Nährstoffen und haben oft einen weniger ausgeprägten Meeresgeschmack, als man glaubt.

Nicht alle Algen kommen aus Ostasien! Gewiss sind Japaner, Chinesen und Koreaner, bei denen sie seit Jahrhunderten auf dem Speiseplan stehen, die weltweit größten Verbraucher, doch auch in Europa (in der Bretagne, in Wales, Irland und Schottland) werden Speisealgen gesammelt, teilweise sogar angebaut.

Nach der Ernte werden sie verlesen und dann mit Meerwasser von Sand und Muscheln befreit. Sind sie abgetropft, werden sie sukzessive mit unbehandeltem Meersalz eingesalzen und landen schließlich, in Plastikschalen verpackt und gut gekühlt, im Handel (siehe Bezugsquellen, Seite 252). Neben der Kühlung wirkt auch der hohe Salzgehalt konservierend. Frische, in Salz eingelegte Algen lassen sich mehrere Monate im Kühlschrank aufbewahren – Sie können Ihrer geöffneten Packung also ruhig immer nur kleine Mengen entnehmen. Erst nach dem Entsalzen müssen Algen zügig verwendet werden.

Achtung: Setzen Sie Ihre Algen nicht zu lang dem Licht aus, denn dadurch können ihre Farben verblassen.

WIE ENTSALZE ICH DIE ALGEN?

Vor dem Kochen müssen Sie die Algen wieder entsalzen, indem Sie sie mehrmals 1 Minute wässern. Mit den Fingerspitzen leicht hin und her bewegen, dann spülen Sie die Algen unter fließendem kaltem Wasser ab und drücken sie zwischen den Handflächen vorsichtig aus. Kochfertig sind sie, wenn ihr Geschmack nur noch leicht salzig ist – zwischendurch müssen Sie also einfach probieren!

NÄHRSTOFFE IN HÜLLE UND FÜLLE

Von den unzählig vielen Algensorten, die es weltweit gibt, sind nur wenige als Speisealgen im Handel. Jede Sorte hat ihre besondere Konsistenz und ihren eigenen Geschmack, weshalb sie unterschiedlich verwendet werden. Auch ihre Nährstoffzusammensetzung ist verschieden, aber allen gemeinsam ist ihr geringer Kaloriengehalt und ihr großer Reichtum an Mineralstoffen, Spurenelementen, Ballaststoffen (in Braunalgen bis 87 Prozent), Vitaminen und Proteinen.

Studien in Japan haben sogar ergeben, dass regelmäßiger Algenverzehr mit einer niedrigeren Erkrankungsrate bei Brust-, Darm- und Prostatakrebs zusammenfällt. Einziger Wermutstropfen: In manchen Algen finden sich Spuren von giftigen Schwermetallen wie Quecksilber und Arsen. Sammeln Sie keinesfalls selbst Algen am Strand ein und verzehren Sie nur Speisealgen, deren Verpackung genaue Angaben zum Mineralstoffgehalt aufweisen!

JEDE ALGENSORTE IST ANDERS

Hier stelle ich Ihnen die sechs in Europa am meisten verzehrten Frischalgen vor. Sie finden sie am ehesten im Asialaden, sonst bei Online-Anbietern (siehe Bezugsquellen, Seite 252). Natürlich steht es Ihnen frei, andere Sorten zu testen, wenn sie Ihnen begegnen, Ihre Vitalstoffzufuhr mit Spirulina zu ergänzen oder die erstaunlichen Eigenschaften von Agar-Agar auszuprobieren. Algen sind Würzmittel und werden nur in kleinen Mengen verwendet. Schon 10 bis 20 Gramm reichen aus, um in den vollen Genuss ihrer gesunden Wirkung zu kommen.

Da ihr Mineralstoffgehalt extremen Schwankungen unterliegt, beachten Sie unbedingt die Angaben auf der Verpackung, denn insbesondere bei der Jodzufuhr ist (vor allem für Menschen mit Schilddrüsenerkrankungen) Vorsicht geboten!

Algen in unseren Lebensmitteln

Die Lebensmittelindustrie nutzt seit Langem die Geliereigenschaften der Algen als Verdickungsmittel in Bonbons, Backwaren, Süßspeisen, Fertiggerichten, Saucen, Gelees und Eis oder auch in diätetischen Produkten, die so ohne Eier und Butter auskommen, ja sogar im Futter für Haustiere. Wir alle verzehren also täglich Algen, ohne es zu wissen!

Dulse (*Palmaria palmata*)

Mit ihrem milden Jodgeschmack und dem leichten Aroma von Meeresfrüchten fügt sich diese Rotalge problemlos in die alltägliche Küche ein, genauso wie der Meersalat. Im Rohzustand ist sie knackig, nach ein paar Sekunden Garzeit wird sie butterweich. Sie harmoniert besonders gut mit Gemüse, sei es gebraten, auf einer salzigen Tarte oder in einer Terrine, aber auch einer Sauce oder Vinaigrette verleiht sie mehr Würze.

Neben Proteinen sind in Dulse auch Phosphor, Magnesium und vor allem Jod hoch konzentriert enthalten. Außerdem ist sie reich an Vitamin B_{12}.

Hokkaido-Kürbis mit Dulse-Mandel-Zitronen-Sauce

Für 2 bis 3 Personen

1 Hokkaido-Kürbis (etwa 1 kg) • 1 EL weißes Mandelmus • Saft von 1/2 Zitrone • etwa 2 EL Wasser • 20 g Dulse • 1 EL Gomasio

Den Kürbis gründlich waschen, die Kerne entfernen, das Fruchtfleisch in kleine Würfel schneiden und 20 Minuten dünsten, bis es schön weich ist. Das weiße Mandelmus mit dem Zitronensaft verrühren und nach und nach mit genügend Wasser zu einer cremigen Sauce verlängern. Die Dulse entsalzen, in kleine Würfel schneiden und in die Sauce geben. Den Kürbis mit der Sauce übergießen und mit Gomasio bestreut servieren.

Kombu royal (*Laminaria saccharina*)
Diese große Braunalge mit den gewellten Rändern ist fleischig, knackig und schmeckt süßlich; deshalb wird sie auch „Zuckertang" genannt. Sie eignet sich für alle möglichen in Folie gegarten Gerichte oder Teigtaschen, da sie beim Backen im Ofen schön knusprig wird. Besonders gern wird sie aber zum Umwickeln von Speisen (anstelle von Speck) verwendet.

Der bretonische Kombu oder Fingertang (*Laminaria digitata*) passt dagegen besonders gut zu Gerichten mit Hülsenfrüchten (siehe Seite 42), denn er macht sie leichter verdaulich. Kombu royal ist ausgesprochen reich an Mineralstoffen (Kalzium, Kalium und Magnesium) und hat einen besonders hohen Gehalt an Jod (Vorsicht bei Schilddrüsenproblemen!) und Alginsäure, aber auch an Kohlenhydraten.

Meeresspaghetti (*Himanthalia elongata*)
Diese Braunalge ist auch unter dem Namen „Meeresbohnen" oder „Riementang" bekannt: Sie scheint bestens dazu geeignet, Meeresgemüse auch Kindern oder skeptischen Zeitgenossen schmackhaft zu machen; übrigens ist dies die in Frankreich am meisten verzehrte Alge (in Japan unbekannt). Sie schmeckt mild und nur wenig nach Jod. Ihre schmalen, riemenförmigen Bänder können eine Länge von 3 Metern erreichen. Sie können sie roh oder kurz blanchiert als Salat essen oder gekocht wie Bohnen (auf einer Gemüseplatte, kurz angebraten mit Räuchertofu-Würfeln oder in einem Nizzasalat) oder gemischt mit hausgemachten Nudeln servieren.

Meeresspaghetti gibt es auch im Glas, in Essig und Öl eingelegt, aber frisch schmeckt sie viel besser! Sie ist reich an Mineralstoffen und Vitaminen, vor allem Vitamin C, und enthält Alginsäure, wie alle Braunalgen.

Kombu-Bouillon mit Frühlingszwiebeln, Karotten und Shiitake-Pilzen

Für 3 bis 4 Personen

10 g Kombu royal • 3 Karotten • 8 getrocknete Shiitake-Pilze • 5 Frühlingszwiebeln

Den Kombu abspülen, in kleine Stücke schneiden und in 1 Liter kaltem Wasser 30 Minuten einweichen. Die Karotten würfeln, Frühlingszwiebeln in dünne Ringe schneiden und die Pilze zerkleinern. Das Meeresgemüse in einem Topf erhitzen und kurz vor dem Siedepunkt herausnehmen. Karotten und Pilze hineingeben und 15 Minuten köcheln lassen. In den letzten 3 Minuten die Frühlingszwiebelringe mitgaren. Kombu wieder dazugeben und heiß servieren.

Nudeln mit Karotten und Meeresspaghetti

Für 2 Personen

50 g Meeresspaghetti • 150 g Karotten • 100 g Soba-Nudeln (japanische Buchweizennudeln) • 2 EL Olivenöl • 2 TL Tamari • 1 EL Sesamsamen

Die Meeresspaghetti entsalzen. Die Karotten in schmale Streifen schneiden. Mit etwas Wasser in einen Topf geben, mit Deckel 3 Minuten bei geringer Hitze köcheln lassen (sie sollen noch bissfest sein), abgießen. Die Soba-Nudeln in reichlich Wasser 5 bis 6 Minuten garen, abtropfen lassen. Mit Karotten, Algen, Olivenöl und Tamari vermischen. Mit gerösteten Sesamsamen bestreuen. Warm oder kalt genießen.

Meersalat (*Ulva lactuca*)
Meersalat zählt zu den Grünalgen, er ist zart und geschmeidig, aber dennoch bissfest. Mit seinem milden Geschmack und der leichten Sauerampfernote eignet er sich zur alltäglichen Verwendung, roh und dünn geschnitten, in einem Salat oder in Rohkost. Sie können ihn auch fein hacken und Saucen oder Salatdressings beimischen. Auch mit anderen Sorten kombiniert, etwa in einem Tatar aus frischen Algen oder in einer Art Guacamole, schmeckt er köstlich. Er ist reich an Vitamin A und C sowie an Mineralstoffen, vor allem an Magnesium, Kalzium und Eisen.

Grüner Meersalat

Für 1 Person

30 g Meersalat • 1/2 Avocado, klein gewürfelt • 50 g Gurke, klein gewürfelt • 2 TL Sesamöl • 1 TL Zitronensaft • 1 TL Gomasio • 1 TL geröstete Kürbiskerne

Den entsalzten und abgetropften Meersalat mit der Schere in kleine Stücke schneiden. Avocado- und Gurkenstücke untermischen. Sesamöl und Zitronensaft mit Gomasio und Kürbiskernen verrühren und mit der Algen-Gemüse-Mischung vermischen. Sofort servieren.

Nori (*Porphyra tenera*)
Durch die japanischen Maki-Sushi-Rollen landeten erstmals Speisealgen, nämlich Nori, auf unseren Tellern – allerdings ist Nori traditionell auch eine wichtige Zutat der irischen Küche. Sie gehört zur Familie der Rotalgen, obgleich ihre Farbe von Violett bis Schwarz variiert. Diese Algensorte hat einen besonders hohen Proteingehalt (fast so hoch wie der von Eiern!) und ist außerdem reich an Phosphor, Eisen, Provitamin A und Vitamin B_{12}, das Vegetarier so dringend brauchen, da es im Pflanzenreich selten vorkommt. Ihre antibakteriellen und antiviralen Inhaltsstoffe tragen zum Gleichgewicht der Darmflora bei.

Nori ist zart und geschmeidig und kann ebenso roh wie gekocht verzehrt werden. Ihr Aroma von Rauchtee und getrockneten Pilzen harmoniert ausgezeichnet mit Pilzen, aber sie passt auch gut zu Auberginen oder Roter Bete. Garen Sie sie in der Folie oder machen Sie Algenbutter daraus, geben Sie sie in ein Omelett, ein Risotto oder eine Béchamelsauce oder schneiden Sie sie in kleine Stücke, die Sie zusammen mit gerösteten Sesamsamen über eine Schale Reis streuen.

Kartoffeln, gefüllt mit Nori-Kaviar

Für 2 Personen

2 große Kartoffeln • 25 g Nori-Algen • 3 Schalotten • 1 EL Olivenöl • 2 TL Tamari • 5 Haselnüsse • 2 TL Walnussöl

Die Kartoffeln abbürsten und dampfgaren (etwa 20 Minuten). Unterdessen die Nori-Algen entsalzen und in kleine Stücke schneiden. Die Schalotten in feine Ringe schneiden und im Olivenöl 2 bis 3 Minuten anbraten, die Algen dazugeben und unter Rühren noch

1 Minute weiterbraten, das Tamari einrühren und vom Herd nehmen. Die Haselnüsse hacken und rösten, dann mit dem Walnussöl dazugeben, gut verrühren. Die Kartoffeln der Länge nach halbieren und den Nori-Kaviar auf die Hälften geben.

Und was sind nun Grünalgen?

Die gefürchteten Grünalgen (Stichwort: „Algenpest") in der Bretagne sind in Wirklichkeit durchaus essbarer Meersalat. Allerdings kommt es manchmal zu extremem Algenwachstum – ausgelöst durch das überdüngte Meerwasser mit seinem zu hohen Stickstoffgehalt (der aus der Intensivlandwirtschaft stammt). Die Algen reißen sich dann los, werden ans Ufer geschwemmt und verfaulen dort. Das sieht unschön aus, riecht unangenehm und setzt zudem giftigen Schwefelwasserstoff frei.

Doch keine Panik: Diese Algenpest hat nichts mit dem Meeresgemüse zu tun, das bei Ihnen auf den Teller kommt!

Wakame (*Undaria pinnatifida*)

Neben Nori ist Wakame wohl die weltweit bekannteste Speisealge. Sie ist sehr vielseitig einsetzbar, hat ein dezentes Aroma und einen relativ niedrigen Jodgehalt. Daher verträgt sie sich gut mit anderen Algenarten (Dulse, Meeresspaghetti oder Meersalat), passt aber auch zu Rosinen und Kirschtomaten. Wie Kombu macht auch Wakame Hülsenfrüchte leichter verdaulich. Gekocht verstärkt sie das Aroma eines Eintopfs (geben Sie ein Stück davon zugleich mit dem Gemüse hinein) und schmeckt herrlich in einer Pastete oder einem Auflauf.

Sie ist aus einer Miso-Suppe nicht wegzudenken. Die Braunalge ist auch mineralstoffreich: Sie enthält Kalzium (bis 10-mal mehr als Milch) und Vitamine der B-Gruppe, außerdem Vitamin C, Eisen, Natrium und Kalium, zudem Alginsäure (die zur Reinigung des Darms von Schwermetallen und Pestiziden beiträgt) und das Pigment Fucoxanthin, ein wirkungsvolles Antioxidans, das für die braune Farbe verantwortlich ist und in Landpflanzen nicht vorkommt.

Zucchini-Wakame-Tarte

Für 4 bis 6 Personen

Teig: 150 g Weizenmehl Type 550 • 1 gestrichener TL Salz • 2 TL gemischte Algenflocken • 2 EL Olivenöl • etwas Wasser

Belag: 1 EL weißes Mandelmus • 1 EL Zitronensaft • 2 Zucchini • 25 g Wakame • 1 EL Kürbiskerne • Salz, Pfeffer

Den Backofen auf 180 °C (Umluft: 150 °C) vorheizen.

1 **Teig** Das Mehl mit Salz und Algenflocken vermischen. Das Olivenöl dazugeben, verrühren und gerade so viel Wasser dazugeben, dass sich eine geschmeidige, nicht klebende Teigkugel formen lässt.

2 Den Teig ausrollen und den Boden einer gefetteten, bemehlten Tarteform damit auslegen. Kleine Löcher hineinstechen.

❸ **Belag** Das weiße Mandelmus mit dem Zitronensaft verrühren. Auf dem Tarteboden verstreichen. Die Zucchini waschen, in Scheiben schneiden und darauf verteilen, salzen, pfeffern. Im Backofen 20 Minuten backen.

4 Unterdessen die Wakame entsalzen und sorgfältig abtropfen lassen. Die Tarte aus dem Backofen nehmen, Wakame und Kürbiskerne auf den Zucchini verteilen und nochmals 5 Minuten in den Ofen schieben. Warm oder kalt servieren.

Die Zucchini-Wakame-Tarte schmeckt und gelingt auch Anfängern der Algenküche.

KOCHEN MIT **getrockneten Algen**

Für den Einstieg ins Kochen mit Algen ist es zunächst am einfachsten, getrocknete Algenflocken zu verwenden. Sie passen zu vielen Speisen: Entweder streuen Sie sie einfach darüber oder Sie weichen sie vorher ein und verwenden sie anschließend.

Getrocknete Algen – direkt nach der Ernte bei niedriger Temperatur (etwa 40 °C) entwässert –, die in der Regel als farbenfrohe Mischung mehr oder weniger großer Flocken daherkommen, finden Sie in (fast) jedem Bioladen. Sie enthalten nahezu alle günstigen Eigenschaften von frischen Algen, schmecken mild (und nur wenig nach Jod) und wirken sogar als Geschmacksverstärker. Sie passen zu vielen unterschiedlichen Speisen. Algenflocken gibt es in verschiedenen Sorten, oft als Meersalat, Dulse oder Nori, aber Sie erhalten auch gebrauchsfertige Mischungen. Wakame, Meeresspaghetti oder Kombu royal können Sie auch als ganze Blätter kaufen, die Sie vor Ihrer Verwendung wässern. In einem luftdichten Behälter, vor Licht und Feuchtigkeit geschützt, halten sich getrocknete Algen maximal 2 Jahre.

HINWEISE ZUR VERWENDUNG

Für den sofortigen Gebrauch können Sie getrocknete Algen als Flocken kaufen oder Sie stellen sich Ihre Flocken selbst her, indem Sie ganze getrocknete Algen im Mixer zerkleinern. Sie können viele verschiedene Gerichte damit bestreuen; dosieren Sie ähnlich wie bei aromatischen Kräutern. Bei den folgenden Speisen rechnen Sie 1 Teelöffel pro Person:

- für eine schnelle „Algenbutter“;
- in einem hausgemachten Gomasio;
- in Mayonnaise, in Dips zum Aperitif oder in einer Vinaigrette (mit Zitronensaft, Sesam- oder Rapsöl, 1 Spritzer Sojasauce oder frischem Ingwer);
- auf Creme- oder leichten Sommersuppen (köstlich mit Tomaten);
- in Gemüse- oder Getreidegerichten;
- in einer Pasta oder einem Risotto;
- in Terrinen, vegetarischen Bratlingen oder Burgern;
- in Aufläufen werden sie unter die Eiermasse gemischt oder mit dem Paniermehl vermengt und vor dem Backen über den Auflauf gestreut;
- in hausgemachtem Tofu sowie
- in Tarte-, Pizza-, Brot- oder Crêpe-Teig, in einem salzigen Kuchen oder einem pikanten Crumble.

DIE ALGEN WÄSSERN

Wenn Sie getrocknete Algen wässern möchten, wählen Sie dafür besser große Flocken oder Algenblätter. Meersalat, Wakame, Dulse und Nori legen Sie 5 bis 10 Minuten in kaltes Wasser und lassen sie danach abtropfen. Oder, noch schneller, Sie verrühren sie einfach mit einer flüssigen Zutat (Brühe, Sojasauce, pflanzliche Sahne, Zitronensaft ...).

Kombu und Meeresspaghetti sind feste Algen, die Sie deutlich länger einweichen (bis 30 Minuten) und vor der Verarbeitung gut abspülen müssen. Anschließend drücken Sie sie gut aus, um überschüssiges Wasser zu entfernen. Wie man sie verwendet, steht normalerweise auf der Verpackung. Verarbeiten Sie gewässerte Algen genauso wie frische. 1 Tag haltbar.

Roggen-Crêpes mit Algen und Zitrone

Für 10 kleine Crêpes

50 g Weizenmehl Type 550 • 50 g Roggenmehl • 30 g Pfeilwurzel- oder Maisstärke • 1 EL Algenflocken • ½ TL Salz • 200 ml Sojamilch • 100 ml Wasser • abgeriebene Schale von 1 Bio-Zitrone • 2 EL Olivenöl + etwas Öl zum Backen

Mehle mit Pfeilwurzelstärke, Algenflocken und Salz vermischen. Nach und nach die Sojamilch einrühren und mit dem Wasser verdünnen. Dann Zitronenschale und Olivenöl dazugeben. In einer leicht gefetteten Pfanne kleine Crêpes in der Größe von Blini backen.

Schnelles Algentatar

Für 1 kleines Glas

3 gehäufte EL Algenflocken • 3 EL Olivenöl • 3 EL Rapsöl • 1 EL Zitronensaft • 2 TL Tamari • Knoblauch, Gewürzgurken, Kapern, Schalotten, Senf ... (nach Geschmack)

In einer kleinen Schüssel die Algen mit Oliven- und Rapsöl, Zitronensaft und Tamari verrühren. 30 Minuten ziehen lassen und dann (nach Belieben) 1 gepresste Knoblauchzehe, 2 klein gewürfelte Gewürzgurken, 1 Teelöffel Kapern, 1 fein gehackte Schalotte und/oder 1 Teelöffel Senf dazugeben. In einem luftdichten Behälter im Kühlschrank aufbewahren. Hält sich 8 Tage.

KOCHEN MIT **Agar-Agar**

Agar-Agar liegt schon seit einigen Jahren im Trend: Dieses Algenprodukt ist als Geliermittel bekannt, wird aber auch wegen seiner sättigenden, verdauungsfördernden und entgiftenden Wirkung von Japanerinnen sehr geschätzt. Farb- und geruchlos fügt es sich in alle möglichen süßen und salzigen Zubereitungen ein.

Vermutlich kennen Sie Agar-Agar bereits unter seiner gebräuchlicheren Bezeichnung E 406: Es wird aus verschiedenen Rotalgen mit hoher Gelierkraft (4-mal höher als die von Gelatine tierischer Herkunft) hergestellt und vielfach in industriell verarbeiteten Nahrungsmitteln wie Eis, Pudding und Joghurt eingesetzt. Im Bioladen können Sie Agar-Agar als weißes Pulver kaufen. Damit können Sie Cremes, Mousses und Gelees ohne Eier und Butter zubereiten: einfach unterrühren, aufkochen und abkühlen lassen.

HINWEISE ZUR VERWENDUNG

Sie lösen Agar-Agar zunächst in kalter Flüssigkeit auf, lassen es dann 30 Sekunden aufkochen, mischen nach Wunsch noch andere Zutaten unter und gießen das Ganze in ein passendes Gefäß. Auf Zimmertemperatur abgekühlt, stellen Sie es in den Kühlschrank: Beim Erkalten wird die Mischung fest. Das Ergebnis kann ganz unterschiedlich ausfallen, je nach den gewählten Zutaten und der zugegebenen Menge Agar-Agar.

Mit Obst- oder Gemüsesaft, Tee oder Brühe erhalten Sie ein durchscheinendes **Gelee**, das Sie ganz nach persönlichem Geschmack variieren können: mit frischen Kräutern, Fruchtstückchen, Samen oder Käsewürfeln. Rechnen Sie 1 gestrichenen Teelöffel (2 Gramm) Agar-Agar für 500 Milliliter Flüssigkeit.

Mit pflanzlicher Milch erhalten Sie ein **sahnigeres Resultat**, perfekt für die Zubereitung von veganer Pannacotta, Flans ohne Eier und Butter und allerlei Cremespeisen. Die Dosierung ist ungefähr dieselbe wie für Gelee, aber wenn die Masse nach dem Festwerden noch etwas geschmeidig sein soll, seien Sie eher sparsam mit dem Agar-Agar. Für eine noch cremigere Konsistenz verwenden Sie am besten eine Milch, die nicht zu wässrig ist (Mandel-, Haselnussmilch, eher dickflüssig) und fügen Sie noch Nussmus, etwas vegane Sahne und/oder geschmolzene Schokolade hinzu. Sie können

Ihre Süßspeise auch mit Gewürzen, etwas Zucker, abgeriebener Schale von Bio-Zitrusfrüchten oder einem Tropfen ätherischem Öl aromatisieren.

Für die Zubereitung von **luftig-leichten Mousses** gehen Sie vor wie bei den Cremes: Warten Sie, bis die Masse fest zu werden beginnt, und mixen Sie dann etwas Seidentofu, Ricotta oder Eischnee unter. Lassen Sie das Ganze mindestens 4 Stunden, idealerweise eine ganze Nacht, fest werden.

Sie können auch **zuckerreduzierte Fruchtaufstriche** machen: Kochen Sie Ihre Früchte mit wenig Zucker ein, lassen Sie das Ganze abkühlen und kochen Sie es 5 Minuten mit Agar-Agar auf (rechnen Sie 2 Teelöffel Agar-Agar auf 2 Kilogramm Obst und 400 bis 500 Gramm Zucker). Dann füllen Sie die Konfitüre in Gläser.

Achtung: Solche Fruchtaufstriche sollten Sie im Kühlschrank nicht länger als 3 Monate lagern und nach dem Öffnen rasch aufbrauchen.

Auf dieser Grundlage können Sie alle möglichen mehr oder weniger raffinierten und stets sehr leichten Speisen (Cheesecakes, Crèmes brûlées, vegane Terrinen) zubereiten oder Creme, Mousse oder Gelee in hübschen „Verrines" übereinanderschichten. In diesem Fall lassen Sie jede Schicht erst fest werden, bevor Sie die nächste darübergießen. Das braucht etwas Zeit, ist aber ein echter Hingucker, vor allem, wenn Sie mit den Farben spielen: Vanille und rote Beeren, Rote Bete und Kurkuma, grüne Gemüse und Ziegenfrischkäse, Zartbitterschokolade und Bio-Orangenzesten ... Geben Sie Ihre Zubereitung auch einmal auf einen im Ofen vorgebackenen Tarte-Boden oder streuen Sie ein paar kurz in der Pfanne gebräunte Streusel darüber – das ergibt spannende Kontraste in Konsistenz und Temperatur.

Zum Anrichten empfehle ich Ihnen, die Masse in leicht angefeuchteten einzelnen Förmchen abkühlen zu lassen. Das erleichtert anschließend das Stürzen, was bei richtig fest gewordenen Cremes und Gelees ganz schnell geht: Sie müssen die Creme nur mit einem Messer von der Wand des Gefäßes lösen, das Förmchen umdrehen und den Inhalt sanft auf einen Teller gleiten lassen. Auch die Formen können Sie variieren (Herzen, Sterne), die geschichteten Desserts präsentieren Sie am besten in hübschen Gläsern.

HINWEISE ZUR HALTBARKEIT

Wässrige Zubereitungen mit Agar-Agar ziehen schnell Wasser; das ist an sich nicht schlimm, aber es sieht nicht sehr appetitlich aus und die Stabilität geht verloren. Also nur im Kühlschrank lagern. Sie sind 24 Stunden haltbar. Einfrieren ist aus demselben Grund nicht möglich! Erhitzen Sie Ihre Gerichte auch nicht, denn das Agar-Agar würde schmelzen und das Gericht verliert seine Festigkeit. Wenn überhaupt, erwärmen Sie sie nur ganz leicht.

Ziegenkäse-Creme, geschichtet mit Roter Bete

Für 4 Personen

1 1/2 TL Agar-Agar • 180 ml Wasser • 300 g gekochte Rote Bete • 1 EL Walnussöl • 150 ml Sojamilch • 80 g Ziegenfrischkäse • 1/2 TL Kurkumapulver • 4 Walnusskerne • Salz, Pfeffer

Das Wasser mit 1 gestrichenen Teelöffel Agar-Agar verrühren. 30 Sekunden aufkochen, dann mit der Roten Bete und dem Walnussöl im Mixer pürieren. Salzen, pfeffern. Die Hälfte der Mischung in 4 Glasschälchen oder Muffinförmchen füllen. Bei Zimmertemperatur fest werden lassen. Die Sojamilch mit 1/2 Teelöffel Agar-Agar 30 Sekunden aufkochen, dann mit dem Ziegenfrischkäse, dem Kurkumapulver und etwas Salz mixen. Als zweite Schicht in die Gläschen füllen. Wenn die Ziegenkäse-Creme fest geworden ist, das restliche Rote-Bete-Püree bei ganz geringer Hitze wieder erwärmen, mixen oder gut durchrühren, auf die Gläschen verteilen und fest werden lassen. Mindestens 1 Stunde im Kühlschrank ruhen lassen. Die Schichtcreme stürzen. Zuletzt mit den Walnusskernen garnieren.

Erdbeer-Rhabarber-Konfitüre mit Ingwer

Für 5 Gläser Konfitüre

1 kg Erdbeeren • 1 kg Rhabarber • 1 Stück Ingwer (etwa 3 cm) • 500 g heller Rohrohrzucker • 2 TL Agar-Agar

Die Erdbeeren waschen und entstielen, den Rhabarber waschen und in 2 Zentimeter lange Stücke schneiden. In einem Topf mit schwerem Boden die Erdbeeren und den Rhabarber, den geschälten Ingwer und den Zucker verrühren. Zugedeckt 10 Minuten, dann 20 Minuten ohne Deckel köcheln, abkühlen lassen. Angerührtes Agar-Agar dazugeben, gut umrühren und weitere 3 Minuten kochen. In sterilisierte Gläser füllen, diese verschließen und auf den Kopf stellen. Erkalten lassen und in den Kühlschrank stellen.

Hinweis: Säure setzt die Gelierkraft von Agar-Agar herab! Erhöhen Sie die Dosis etwas für Zubereitungen mit Zitrone oder Ananas, vor allem, wenn Sie diese anschließend mit Sahne oder pflanzlicher Milch mischen ...

Perfekt für die schlanke Linie!

In Japan, wo die Menschen bekanntlich besonders lang leben, gibt es einen wahren Agar-Agar-Kult – weil es schlank macht und gesund ist: Sobald es eingenommen wird, saugt es sich mit Wasser voll und bildet ein Gel, das Zucker und Fette sowie Giftstoffe und Schwermetalle, die sich im Organismus befinden, absorbiert, bevor es auf natürlichem Weg ausgeschieden wird. Es sättigt, führt ab und ist äußerst kalorienarm.

Würzige Crème brûlée mit Quitten

Für 4 Personen

2 Quitten (etwa 500 g) • 200 ml Reismilch • 150 ml Reissahne • 2 TL Agar-Agar • 1 TL ungesüßter Kakao • 1 1/2 EL Agavendicksaft • 1/2 TL Quatre-épices • 1/2 TL Zimt • 4 TL Rohrohrzucker

❶ Die Quitten schälen, entkernen und in große Stücke schneiden. 25 Minuten in kochendem Wasser garen, bis sie schön weich sind. Abtropfen lassen und beiseitestellen.

❷ In einem kleinen Topf die Reismilch und -sahne mit dem eingerührten Agar-Agar 30 Sekunden aufkochen.

❸ Mit Quitten, Kakao, Agavendicksaft und Gewürzen im Mixer pürieren.

3

4 Die Masse in Crème-brûlée-Schälchen füllen. Abkühlen lassen und etwa 2 Stunden in den Kühlschrank stellen.

5 Kurz vor dem Servieren die Creme mit je 1 Teelöffel Rohrohrzucker bestreuen und mit einem Gasbrenner oder unter dem Grill des Backofens karamellisieren.

BACKEN
ohne Butter

Hoch erhitzte Butter ist der Gesundheit nicht zuträglich … Ein ausgezeichneter Grund also, pflanzliche Fette und Öle in ihrer großen Vielfalt von Konsistenzen und Aromen kennenzulernen. Sie werden überrascht sein, wie Sie damit die geschmacklichen Nuancen in Ihren Kuchen bereichern können!

Ein wenig frische Butter auf einer Scheibe Brot ist lecker und reich an Vitamin A. Doch Butter enthält zu einem großen Teil gesättigte Fettsäuren, was unseren Cholesterinspiegel ansteigen lässt. Erhitzte Butter ist besonders problematisch: Über 130 °C verändert sich ihre Molekularstruktur und sie wird toxisch. Margarine könnte eine interessante Alternative darstellen, doch sie ist bei Weitem kein idealer Ersatz: Selbst in Bio-Qualität (und damit ohne die berüchtigten Transfettsäuren, die durch industriell gehärtete Fette entstehen) weist sie ebenfalls einen hohen Gehalt an gesättigten Fettsäuren auf (und ist zudem wegen ihres beträchtlichen Palmölanteils umstritten).

Sparen Sie sich Margarine also für die wenigen Rezepte auf, in denen sie unentbehrlich ist, und wenden Sie sich Fetten wie Pflanzenölen (in Bio-Qualität) und Nussmusen zu: Deren Nährstoffe sind gut aufeinander abgestimmt und ermöglichen die ausgewogene Aufnahme von essenziellen und ungesättigten Fettsäuren – wobei die lockere Konsistenz und die geschmacklichen Qualitäten von Gebäck erhalten bleiben … ganz zu schweigen von der außerordentlichen Palette an Aromen!

MIT NUSS- UND SAMENMUSEN BACKEN

Sie sind meine Favoriten. Äußerst vielseitig einsetzbar, eignen sie sich ebenso gut für rohe Zubereitungen (Aufstriche, Saucen) wie für warme Gerichte (Risottos, Veloutés, Béchamelsaucen) und Backwaren, denen sie eine cremige Konsistenz und ein unwiderstehliches Aroma verleihen. Häufig nennt man sie auch „Pflanzenbutter“. Da sie sehr hitzebeständig sind, vertragen sie alle Garmethoden, außer dem Braten in einer sehr heißen Pfanne; denn dadurch zersetzen sie sich (um das zu vermeiden, rühren Sie sie in etwas pflanzliche Sahne ein und schalten Sie die Temperatur herunter).

Durch das Erhitzen verlieren sie zwar Vitalstoffe, aber wenigstens schaden Ihnen ihre (überwiegend ungesättigten) Fette nicht, ganz im Gegenteil! Leider sind sie relativ teuer, aber Sie verwenden ja nur winzige Mengen davon. Reduzieren Sie ruhig den Fettgehalt Ihrer Rezepte deutlich; sie gelingen genauso gut und Sie sparen sowohl Geld als auch Kalorien!

Beim Backen verhalten sich Nuss- und Samenmuse mehr oder weniger wie Butter, aber sie schmelzen nicht so leicht: Es kann also sinnvoll sein, sie mit etwas Pflanzenöl zu vermischen.

Als Faustregel gilt: Weiche Butter wird durch dasselbe Gewicht (oder etwas weniger) Nussmus ersetzt, zerlassene Butter durch eine Mischung aus 60 Prozent Nussmus und 40 Prozent Pflanzenöl. Einzige Schwierigkeit: Rezepte, für die man kalte, harte Butter benötigt, wie z. B. Crumble. Ich umgehe das Problem, indem ich eine Mischung aus Butter (oder Bio-Margarine) und Nussmus zu gleichen Teilen verwende; das ergibt eine knusprige Kruste bei einem Minimum an ungesättigten Fettsäuren und einem Plus an Geschmack (weißes Mandelmus macht sich ausgezeichnet auf einem Crumble mit roten Früchten).

Sofern es sich nicht um hausgemachte und/oder rohköstliche Nuss- und Samenmuse handelt (siehe Seite 76 ff.), die Sie nur für rohköstliche Rezepte verwenden sollten, bewahren Sie Ihr Mus besser nicht im Kühlschrank auf. Sonst wird es leicht hart. Falls es dennoch zu fest geworden ist (weil es zu kalt ist oder länger nicht verwendet wurde), dann rühren Sie es mit einer Gabel durch oder erwärmen Sie es sanft im Wasserbad. Im Folgenden finden Sie die gängigsten Nussmuse beschrieben:

Cashewmus mögen viele vor allem in Verbindung mit salzigen Speisen. Ich persönlich finde, dass es auch sehr gut zu Desserts passt, denn es rundet ihren Geschmack gut ab und verleiht ihnen einen Hauch an Exotik: Kombinieren Sie es mit Mango, Banane, Honig oder Kokosnuss.

Erdnussmus lieben alle, die Erdnussbutter mögen. *Achtung*: Das ist Erdnuss pur, ohne Zusatz von Salz oder Zucker! Sein Geschmack ist sehr ausgeprägt. Geben Sie ein wenig davon in ein Bananendessert, einen Rüblikuchen oder einen Fondant au chocolat. Gehen Sie sparsam damit um, damit die Aromen der anderen Zutaten nicht völlig überdeckt werden: Sie können es auch mit etwas weißem Mandelmus oder Cashewmus vermischen und dadurch mildern.

Haselnussmus ist absolut köstlich und geschmacksintensiv und damit ideal geeignet, um Süßspeisen eine – wer hätte das gedacht – Haselnussnote zu verleihen. Selbstverständlich harmoniert es besonders gut mit Schokolade, aber probieren Sie es auch einmal mit Orangen (Saft, Schale [In Bio-Qualität], ätherisches Öl), Birnen, Honig oder Buchweizen … Ein bisschen weniger cremig als weißes Mandelmus, ist es indessen äußerst fettreich und gibt dem Gebäckteig Elastizität. Machen Sie Cookies, Brotaufstrich oder einen Brownie ohne Butter damit!

Weißes Mandelmus fügt sich am besten in Desserts ein: Das vielseitig anwendbare Mus gibt Gebäck eine wunderbare Konsistenz und hinterlässt ein betörend feines Mandelaroma, das besonders gut zu fruchtigen Rezepten passt. Falls Sie nur eine Sorte Mus kaufen wollen, dann dieses! Verwenden Sie es für alle klassischen Rezepte, die Sie gesünder gestalten wollen, ohne sie allzu sehr zu verändern: Rührkuchen, Madeleines oder Mürbeteig … Es gibt auch braunes Mandelmus: Durch seinen intensiveren Geschmack

harmoniert es gut mit Herbst- und Winterfrüchten, nussigen Getreidesorten sowie Schokolade.

Pistazienmus ist sehr teuer und bleibt – auch weil es sehr geschmacksintensiv ist – für besondere Gelegenheiten reserviert. Sie können hier und da eine Spur davon verwenden, indem Sie es mit einem anderen, neutraleren Nussmus mischen (weißes Mandel-, Cashewmus …). Sehr gut passt es zu Zitrusfrüchten, roten Beeren und Matcha. Versuchen Sie es einmal mit einer Pistazien-Mandel-Ganache als Füllung für eine (mit Orange aromatisierte) Biskuitrolle: eine außergewöhnliche Variante für das typisch französische Weihnachtsdessert, die Bûche de Noël!

Sesammus (Tahin) eignet sich zumeist besser für salzige als für süße Rezepte, denn das Mus aus ungeschältem (oder aus einer Mischung von geschältem und ungeschältem) Sesam ist recht bitter. Aber das helle Mus aus geschältem Sesam geht eine schöne Verbindung mit Zitrusfrüchten (Clementinen, Orangen, Zitronen) und Schokolade ein. Geben Sie 1 Esslöffel Tahin in einen Hefeteig mit Orangenblütenwasser oder in den Teig einer Zitronentarte!

Wenn Sie Ihre Muse selbst herstellen, experimentieren Sie ruhig ein wenig: Probieren Sie einmal **Walnussbutter** mit Feigen oder Birnen oder stellen Sie hübsche Glasuren für Ihre rohköstlichen Desserts mit **Kokosbutter** her …

Rührkuchen mit weißem Mandelmus

Für 4 bis 6 Personen

3 Eier • 130 g Rohrohrzucker • 90 g weißes Mandelmus • 80 ml Olivenöl • 1 gestrichener TL Zimt oder naturreines Vanillepulver (nach Belieben) • 180 g Weizenmehl Type 550 • 1 Päckchen Weinsteinbackpulver

Den Backofen auf 180 °C (Umluft: 150 °C) vorheizen. Die Eier mit dem Zucker verquirlen. Weißes Mandelmus und Olivenöl sowie eventuell Zimt oder Vanille dazugeben, gut verrühren. Mehl und Backpulver untermischen. Den Teig in eine gefettete Kastenform füllen, im Backofen etwa 35 Minuten backen. Eine Garprobe machen, indem Sie mit einem Holzstäbchen in die Mitte des Kuchens hineinstechen. Klebt nach dem Herausziehen kein Teig daran, ist der Kuchen gar. Vor dem Stürzen auskühlen lassen.

Cashew-Vanille-Madeleines

Für 12 Madeleines

50 g Weizenmehl Type 550 • 20 g Vollkornreismehl • 1 TL Weinsteinbackpulver • 40 g heller Rohrohrzucker • 40 g Cashewmus • 30 ml Olivenöl • 1 TL naturreiner Vanilleextrakt

Den Backofen auf 240 °C (Umluft: 210 °C) vorheizen. Eine Madeleines-Backform einfetten, in den Kühlschrank stellen. Beide Mehle mit Backpulver und Zucker vermischen. Das Cashewmus mit dem Olivenöl bei sehr niedriger Temperatur zerlassen, den Vanilleextrakt dazugeben, über die trockene Mischung gießen und gut durchrühren. Den Teig in die Vertiefungen der Madeleines-Form füllen, in den Backofen geben, die Temperatur auf 210 °C (Umluft: 180 °C) herunterschalten und 10 Minuten backen. Die Madeleines in der Form auskühlen lassen.

Schoko-Haselnuss-Cookies

Für 12 Cookies

100 g Einkornmehl • 50 g Kastanienmehl • 80 g heller Rohrohrzucker • 1 Ei • 60 g Haselnussmus • 40 ml Olivenöl • 50 g Zartbitterschokolade

1 Backofen auf 200 °C (Umluft: 180 °C) vorheizen. Die Mehle mit Zucker, Ei, Haselnussmus und Olivenöl verrühren.

2 Mit den Fingerspitzen zu einer krümeligen Mischung verarbeiten, dann die grob gehackte Schokolade dazugeben.

3 Schokolade einarbeiten und aus dem Teig walnussgroße Kugeln formen.

4 Die Kugeln auf einem mit Backpapier ausgelegten Backblech verteilen und flach drücken. Im Backofen 12 Minuten backen, abkühlen lassen.

Haselnussmus ist eine aromatische, Alternative zu Butter – und schmeckt Groß und Klein.

MIT PFLANZLICHEN ÖLEN BACKEN

Ja, auch durch Pflanzenöl können Sie Butter beim Backen sehr gut ersetzen! Entweder nehmen Sie es pur bei Rezepten, die flüssige Butter erfordern (Cakes, Muffins, Crêpe-Teig) – sie erhalten dadurch eine luftig-lockere Konsistenz – oder Sie mischen es mit Nussmus, dann kommt Ihr Resultat klassischem Mürbegebäck noch näher. Ihre Backform oder Ihre Crêpe-Pfanne können Sie natürlich mit Öl statt mit Butter einfetten, das ist genauso wirkungsvoll, und wenn Sie Küchenpapier verwenden, bleiben auch die Hände sauber. Allerdings müssen Sie Ihr Pflanzenöl zum Backen sorgfältig auswählen!

Bei jeder Sorte ist die kritische Temperatur, ab der das Öl zu rauchen beginnt und toxisch wird, entscheidend: Dieser Rauchpunkt ist vom Anteil an mehrfach ungesättigten Fettsäuren abhängig: Je höher er ist, desto niedriger ist der Rauchpunkt. Die empfindlichsten Speiseöle (Lein-, Walnuss-, Rapsöl), die kaum hitzebeständig sind, dürfen Sie also ausschließlich für Salatsaucen und rohe Zubereitungen verwenden.

Olivenöl ist mein bevorzugtes Öl zum Backen: Im Gegensatz zu einer verbreiteten Meinung nehmen die Speisen, in denen es verwendet wird, kaum sein Aroma an. In Verbindung mit etwas Nussmus kommt man ihm fast nicht auf die Spur! Sie können jedoch eine geschmacksintensivere Sorte wählen, die sehr gut mit mediterranen Aromen wie Orange, Honig oder Mandeln harmoniert.

Ich selbst habe immer zwei Flaschen Olivenöl parat: ein geschmacksintensives (natives Öl aus erster Kaltpressung), das ich für Dressings verwende, und ein neutraleres zum Braten und Backen.

Wenn Sie ein absolut geschmacksneutrales Öl wünschen, greifen Sie zu **High-Oleic-Sonnenblumenöl**. Dieses Öl stammt von einer Sonnenblumensorte mit einem hohen Anteil an einfach ungesättigten Fettsäuren und zeichnet sich daher durch eine sehr hohe Hitzestabilität aus.

Sie können auch **Kokosnussöl** ausprobieren; es ist reich an Laurinsäure, einer gesättigten Fettsäure, die gesund ist, und sein Rauchpunkt liegt relativ hoch. Unter 25 °C ist Kokosöl fest; es wird häufig in rohen Süßspeisen anstelle von Butter verwendet, aber wegen seiner Milde und seiner ausgeprägten exotischen Note ist es auch sehr interessant für Kuchen (nachdem man es zuvor im Wasserbad geschmolzen hat). Kombinieren Sie es mit Mango oder Ananas, einem Kürbis mit süßem Aroma, Sommerfrüchten (Aprikosen, Himbeeren) oder für ein sündhaft köstliches Dessert mit dunkler oder weißer Schokolade.

Bergamotte-Muffins mit Olivenöl

Für 6 Muffins

100 g Weizenmehl Type 550 • 40 g Reismehl • 1 EL Weinsteinbackpulver • 1 Ei • 80 g heller Rohrohrzucker • 30 g Olivenöl • 100 ml Mandelmilch • abgeriebene • Schale von 1 Bio-Bergamotte

Den Backofen auf 180 °C (Umluft: 150 °C) vorheizen. Die Mehle mit dem Backpulver vermischen. In einem anderen Gefäß das Ei mit dem Zucker verquirlen, dann das Olivenöl, die leicht erwärmte Milch und die Schale der Bergamotte dazugeben. Die Mehl-Backpulver-Mischung auf einmal dazugeben und mit der Gabel verrühren, sodass ein krümeliger Teig entsteht. In 6 Vertiefungen einer Muffin-Backform (gefettet und bemehlt) füllen und im Backofen etwa 20 Minuten backen: Eine Garprobe machen, indem Sie mit einem Holzstäbchen in die Muffins hineinstechen. Klebt nach dem Herausziehen kein Teig daran, sind sie fertig.

Gut zu wissen: Die Bergamotte ist vermutlich eine Züchtungsmischung aus Limette und Bitterorange. Mit etwas Glück können Sie die seltenen Früchte zwischen Januar und April bekommen. Ihr Fruchtfleisch ist milder als das der Zitrone und ihre Schale sehr aromatisch. Für dieses Rezept können Sie stattdessen auch die Schale einer Bio-Zitrone verwenden.

MIT FRUCHT- UND GEMÜSEPÜREES BACKEN

Unter den Fruchtpürees ist Apfelmus der beliebteste Ersatz für Butter. Aber Sie sollten es immer mit etwas Fett (etwa der halben Menge) kombinieren, damit Ihr Gebäck nicht zu trocken wird. Richtig dosiert, macht es Kuchen schön locker und kann sogar Ei ersetzen. Außerdem können Sie damit die im Rezept angegebene Zuckermenge reduzieren! *Achtung*: Fruchtpürees eignen sich nur für Kuchen wie Cakes und Fondants. Es ist zu feucht für knusprige Kekse wie Cookies oder Mürbekekse.

Natürlich können Sie alle möglichen Varianten testen, je nach Laune, Rezept und Inhalt Ihres Kühlschranks. Während Banane Ihr Gebäck geschmacklich abrundet und ihm eine cremige Konsistenz verleiht, macht Püree vom Kürbis mit seinem etwas mehligen Fruchtfleisch und süßen Geschmack (siehe Seite 164) den Teig fester und aromatischer. Dagegen eignet sich Avocado – als Star der Rohkostküche – geradezu ideal für veganen Rohkostkuchen und geht dabei eine überraschend köstliche Verbindung mit dunkler Schokolade ein. Es gilt nur eine Regel: Meiden Sie allzu wässrige Obst- und Gemüsesorten (Birnen, rote Früchte, Zucchini …), die Ihren Teig durchnässen und Ihren Kuchen verderben würden.

Statt des frischen Fruchtpürees können Sie auch mit Trockenfrüchten (Feigen, Datteln, Aprikosen …) experimentieren, die Sie in etwas Wasser oder Milch wässern und anschließend cremig pürieren (mit oder ohne Einweichflüssigkeit); damit können Sie auf die Zugabe von Zucker komplett verzichten.

Ganz konkret: Rechnen Sie etwa 50 Gramm Öl oder Nussmus und 50 Gramm Frucht- oder Gemüsepüree (im Fall der Trockenfrüchte etwas weniger) anstelle von 100 Gramm Butter.

Honigkuchen mit Orange und Kürbis

Für 6 Personen

120 g Weizenmehl Type 550 • 80 g Roggenmehl • 1 Päckchen Weinsteinbackpulver • 1 gehäufter TL Lebkuchengewürz • 1 Prise Salz • abgeriebene Schale von 1 Bio-Orange • 60 ml Hafermilch • 200 g Honig • 150 g gekochtes Hokkaido-Fruchtfleisch

Die trockenen Zutaten vermischen. Die Hafermilch in einem Topf erhitzen und den Honig einrühren, anschließend zusammen mit dem Kürbisfleisch pürieren. Die Mischung über die trockenen Zutaten gießen und zu einem homogenen Teig verrühren. In eine gefettete, bemehlte Kastenform füllen. Im Backofen 10 Minuten bei 180 °C (Umluft: 150 °C), dann 45 Minuten bei 150 °C (Umluft: 130 °C) backen. Eine Garprobe machen, indem Sie mit einem Holzstäbchen in die Mitte des Kuchens hineinstechen. Klebt nach dem Herausziehen kein Teig daran, ist der Kuchen gar. Gut abkühlen lassen. Hält sich in Frischhaltefolie ein paar Tage im Kühlschrank.

Schoko-Kokos-Bananen-Fondants (ohne Eier und Butter)

Für 2 Personen

100 g Zartbitterschokolade • 30 g Kokosnussöl • 1 Banane (etwa 100 g) • 40 g Vollkornreismehl • 40 g heller Rohrohrzucker

Die Schokolade mit dem Kokosöl im Wasserbad schmelzen. Die Banane mit Mehl, Zucker und der Schokolade-Kokos-Mischung pürieren. Die Masse in 2 ofenfeste Förmchen füllen und im Backofen etwa 15 Minuten bei 180 °C (Umluft: 150 °C) backen, bis die Ränder der Küchlein gar sind. Vor dem Servieren 5 Minuten ruhen lassen.

Manche mögen's salzig

Die vegane Bäckerei kennt auch salzige Varianten! Wagen Sie sich ruhig einmal an Muffins mit Haselnussmus, geschmolzenen Zwiebeln und Comté, einen Hokkaido-Kürbis-Erdnuss-Crumble, Aperitif-Madeleines mit weißem Mandelmus und Basilikum, einen Cake mit Olivenöl und Kirschtomaten … Sie können sich auch einen Vorrat an Fläschchen mit ätherischen Ölen zulegen und etwas Zitronenöl in ein Hefegebäck mit Algenflocken träufeln … oder Chiliöl in Fondants-Küchlein mit eingelegter Paprika. Die goldene Regel beim Backen: Es soll Spaß machen!

Marmorierter Brownie (ohne Backen)

Für 4 bis 6 Personen

100 g Cashewkerne • 250 g Datteln „Medjool“ • 100 g Paranüsse • 65 g ungesüßter Kakao in Rohkostqualität • 2 Prisen Salz • 30 g Kokosöl • 1 1/2 EL Agavendicksaft

1 Am Vorabend die Cashewkerne in Wasser einweichen. Die entsteinten Datteln zu einer Paste pürieren. Die Paranüsse grob hacken.

2 Paranüsse und Datteln mit 50 Gramm Kakao und 1 Prise Salz vermischen, gut durchkneten. In einer mit Backpapier ausgelegten Backform verteilen.

3 Das Kokosöl im Wasserbad schmelzen, dann mit dem Agavendicksaft, 15 Gramm Kakao und 1 Prise Salz verrühren.

4 Auf der Paranuss-Dattel-Masse verstreichen. Die Cashewkerne abspülen und abtropfen lassen, im Mixer mit etwas Wasser pürieren, bis eine glatte Creme entsteht.

5 Auf dem Brownie verteilen. Dann mit einem Messer Spiralmuster in die schwarze und weiße Schicht zeichnen, sodass ein marmoriertes Muster entsteht. Mindestens 4 Stunden kalt stellen.

BACKEN ohne Eier

Nichts ist leichter als Kuhmilch durch vegane Milch oder Butter durch Öl und Nussmuse zu ersetzen – aber Eier? Das erweist sich oft als die größte Herausforderung beim veganen Backen. Doch auch hier gibt es überraschend einfache Lösungen. Und schon geht Ihnen die Zubereitung von 100 Prozent veganen Süßspeisen oder Kuchen ganz leicht von der Hand!

Viele Menschen möchten in ihrer Ernährung die Eier reduzieren oder ganz weglassen. Warum? Weil Allergien gegen Hühnereiweiß, die bei Kindern mit Lebensmittelallergien rund 30 Prozent ausmachen, oftmals ein Leben lang fortbestehen. Oder weil sie sich aus ethischen und anderen Gründen komplett tierproduktfrei ernähren wollen. Eier im Alltag zu vermeiden ist allerdings gar nicht so leicht, denn sie sind fast überall enthalten: im Hefestückchen vom Bäcker genauso wie in vielen industriell hergestellten Produkten wie Nudeln oder Keksen.

Falls Sie Eier lieben, essen Sie gute Bio-Eier vom Bauernhof (am besten so wenig gekocht wie möglich, um ihren Reichtum an Vitaminen und Mineralstoffen zu erhalten) und lernen Sie, wie Sie die zahlreichen Ei-Alternativen beim Backen einsetzen können. Das ist gesünder und nebenbei werden Sie nicht nur neue Küchentricks kennenlernen, sondern auch ungewohnte Geschmacksnuancen entdecken.

Eier erfüllen in der Küche ganz unterschiedliche Aufgaben, je nachdem, was man damit machen möchte: Sie dienen zum Binden, Verdicken, Emulgieren oder Bräunen, dazu, eine Speise luftiger oder cremiger zu machen oder ihr ein besonderes Aroma zu geben.

Dafür verwendet man entweder das ganze Ei oder nur Eiweiß oder Eigelb. Wenn Sie Eier also weglassen möchten, müssen Sie zunächst wissen, welche Aufgabe die entsprechende Ersatzzutat übernehmen soll. Seidentofu z. B. eignet sich nicht für dieselben Rezepte wie Leinsamenpaste (siehe Seite 243) oder Stärke ...

DIE EIER ERSETZEN ...

Die erste Frage, die Sie sich stellen sollten, lautet: Sind Eier in diesem Rezept unbedingt erforderlich? Ein Mürbeteig z. B. wird mit etwas Nussmus genauso gut gelingen, vor allem, wenn man ein glutenhaltiges Mehl verwendet, das ihm Standfestigkeit verleiht. Im

Allgemeinen können Rezepte, die wenig Eier enthalten, oft ganz ohne Ei auskommen: Das gilt für viele Crêpe-Teige (machen Sie kleine Crêpes, damit Sie sie leichter wenden können) und manche Kuchen, die dadurch etwas brotähnlicher werden, aber nichts an Geschmack einbüßen. (Richtiger Honigkuchen enthält kein einziges Ei.)

Einige Rezepte wie Bananen- oder Joghurtkuchen enthalten bereits eine ausgezeichnete „Stellvertreterzutat": Ein weiterer Ersatz ist also überflüssig! Auch Schokolade ist sehr praktisch für die vegane Bäckerei, denn beim Erkalten wird sie hart und verbindet die Zutaten miteinander. Wenn Sie beschließen, die Eier in Ihrem Rezept einfach wegzulassen, vergessen Sie nicht, etwas Flüssigkeit (vegane Milch, Öl …) dazuzugeben, damit die ursprünglich geplante Konsistenz erhalten bleibt.

… DURCH MEHL, STÄRKE UND KUDZU

Beim Backen sind sie absolut unentbehrlich, denn ihr hoher Stärkegehalt sorgt dafür, Zubereitungen einzudicken und zu binden, entweder allein oder zusammen mit anderen Ei-Ersatzzutaten.

Bei den Mehlen bindet das Kichererbsenmehl am wirkungsvollsten; durch seinen ausgeprägten Geschmack passt es allerdings nicht gut für Desserts, hierfür probieren Sie besser Reis-, Kastanien- oder Maniokmehl. Auch Lupinenmehl verfügt über eine sehr gute Bindefähigkeit und verleiht dem Gebäck zusätzlich eine schön goldbraune Farbe: Ersetzen Sie in Ihrem Kuchenteig ruhig ein Drittel des Weizenmehls durch Lupinenmehl. Selbst gemahlen, als frisches Mehl, wird es sich noch leichter mit der Flüssigkeit verbinden, in der Sie es anrühren.

Mein erklärter Favorit jedoch ist Buchweizen: Sie können ihn vor dem Mahlen kurz rösten, damit sich sein feines Haselnussaroma entfaltet.

All diese Mehle verwenden Sie vorzugsweise für die Zubereitung von Crêpes, Kuchen und Muffins: Ersetzen Sie das Weizenmehl einfach ganz oder teilweise durch die gewählte Sorte und geben Sie etwas Flüssigkeit (Wasser oder vegane Milch) hinzu. Für eine eifreie Creme genügt das allerdings nicht.

Auch reine Stärkemehle sind wunderbare Verbündete der veganen Küche: 2 Esslöffel reichen normalerweise, um 1 Ei zu ersetzen und eine Dessertcreme in wenigen Sekunden eindicken zu lassen.

Achtung: Rühren Sie die Stärke erst in etwas kalter Flüssigkeit an, bevor Sie sie der heißen Zubereitung beimischen, das vermeidet Klümpchen! Stärke eignet sich ebenfalls perfekt für Crêpe- oder Keksteig (rechnen Sie 30 bis 40 Gramm Stärke auf 100 Gramm Mehl), der dadurch besonders locker wird. Für Ihren Mürbeteig verrühren Sie 4 bis 5 Esslöffel mit 200 Millilitern einer veganen Milch-Sahne-Mischung, die Sie dann dazugeben. Kartoffelstärke mit ihrem ausgeprägten Geschmack nehmen Sie vorzugsweise für herzhafte Gerichte, und für Desserts wechseln Sie zwischen Mais- und Pfeilwurzelstärke ab. Letztere enthält besonders viel Stärke und ist dazu sehr gut verdaulich.

In Japan und in der makrobiotischen Küche wird Kudzu als ausgezeichnetes Verdickungsmittel eingesetzt. Sie erhalten es in Ihrem Bioladen. Es schmeckt mild und wird wegen seiner gesundheitlichen Vorzüge geschätzt: Es soll sogar gegen Brummschädel helfen! Verwenden Sie es wie Stärke: Rühren Sie es in etwas kaltem Wasser an und erwärmen es dann zusammen mit der gewünschten Zubereitung. Eine ganz kleine Menge genügt: Rechnen Sie etwa 1 Teelöffel, um 1 Ei zu ersetzen, und nehmen Sie nicht mehr als 4 Gramm pro Tag und Person, denn seine Wirkung auf das Verdauungssystem ist beachtlich. Da Kudzu nicht abschließend untersucht ist, warnt das Bundesinstitut für Risikobewertung vor einer Einnahme durch Schwangere, Stillende und Kinder!

Lemon curd (ohne Ei und Butter)

Für 2 Personen

200 ml Zitronensaft • 50 g weißes Mandelmus • 60 g heller Rohrohrzucker • 1 EL Pfeilwurzelstärke

Alle Zutaten gut verrühren. In einen Topf gießen und unter ständigem Rühren erhitzen, bis die Mischung eindickt, dann in eine kleine Schüssel füllen und abkühlen lassen. Hält sich im Kühlschrank maximal 2 Tage. Eignet sich als Aufstrich aufs Brot oder zu Crêpes oder wird einfach ausgelöffelt ...

Maronen-Birnen-Küchlein mit Kakao

Für 2 Personen

1 reife Birne • 100 g Maronencreme (oder geschälte Maronen + 2 TL Agavendicksaft) • 2 TL ungesüßter Kakao • 2 EL Hafermehl • 3–4 EL Wasser

Das Hafermehl mit dem Wasser anrühren. Die Birne mit der Maronencreme (oder den Maronen mit Agavendicksaft), dem Kakao und der Hafermehlcreme pürieren. In 2 ofenfeste Förmchen füllen und im Backofen 20 bis 25 Minuten bei 180 °C (Umluft: 150 °C) backen. Lauwarm oder kalt servieren.

... DURCH JOGHURT UND SEIDENTOFU

Die sehr feuchten „milchigen" Zubereitungen sind ein idealer Ei-Ersatz für Cremes und Pudding, aber auch Kuchen und Muffins, die sie locker und leicht machen. Fast ohne Eigengeschmack, passen sie in alle süßen und salzigen Speisen. Wenn Sie möchten, dass Ihre Masse richtig fest wird, ist Seidentofu (siehe Seite 68 ff.) noch effizienter. Rechnen Sie etwa 60 Gramm Joghurt (aus Soja-, Ziegen- oder Schafmilch) oder pürierten Seidentofu als Ersatz für 1 Ei und verrühren Sie ihn einfach mit den restlichen Zutaten, bevor Sie die Masse backen. Fügen Sie bei einem Kuchenteig 1 Prise Backpulver hinzu, das macht das Ergebnis luftiger.

Seidentofu ist auch ideal, um bei der Zubereitung von veganer Mousse den Eischnee zu ersetzen: Pürieren Sie ihn mit derselben Menge Obst (frisch oder als Mus) oder geschmolzener Schokolade, geben Sie nach Wunsch etwas Agavendicksaft dazu und lassen Sie das Ganze 24 Stunden im Kühlschrank fest werden. Mit 1 bis 2 Prisen Agar-Agar oder etwas Stärke wird Ihre Mousse noch stabiler.

Himbeer-Mandel-Kuchen

Für 4 bis 6 Personen

200 g Seidentofu • 100 g Weizenmehl Type 550 + 1 EL für die Himbeeren • 50 g Vollkorn-Reismehl • 50 g Mandelmehl (vorzugsweise frisch gemahlen) • 90 g heller Rohrohrzucker • 1 Päckchen Weinsteinbackpulver • 70 ml Olivenöl • 50 ml Mandelmilch • 250 g Himbeeren

Den Backofen auf 180 °C (Umluft: 150 °C) vorheizen. Den Seidentofu pürieren, Mehle, Zucker, Backpulver, Olivenöl und Mandelmilch dazugeben und erneut pürieren. Die leicht bemehlten (damit sie nicht durch den Teig alle nach unten rutschen) Himbeeren dazugeben, vorsichtig unterheben. Den Teig in eine gefettete, bemehlte Kastenform füllen. Im Backofen 30 bis 35 Minuten backen. Eine Garprobe machen, indem Sie mit einem Holzstäbchen in die Mitte des Kuchens hineinstechen. Klebt nach dem Herausziehen kein Teig daran, ist der Kuchen gar. In der Form auskühlen lassen.

1

2

Orangen-Safran-Mousse

Für 4 Personen

3 Orangen • 150 g Seidentofu • 2 EL Agavendicksaft • ½ TL Agar-Agar • 30 ml Mandelmilch • 2 Prisen gemahlener Safran

1 Die Orangen schälen, filetieren und in große Stücke schneiden.

2 Mit dem Seidentofu und dem Agavendicksaft pürieren.

3 Agar-Agar in der Mandelmilch anrühren und 30 Sekunden aufkochen, dann den Safran dazugeben und gut umrühren.

3

4 Aufgelöstes Agar-Agar in die Orangencreme gießen und erneut mixen. Das Mousse in 4 Schälchen oder Dessertgläser füllen. Abkühlen lassen und mindestens 4 Stunden (am besten über Nacht) in den Kühlschrank stellen. Hält sich 24 Stunden.

... DURCH FRUCHT- UND GEMÜSEPÜREES

Wie wir im Kapitel über das Backen ohne Butter (siehe Seite 222 ff.) gesehen haben, können Frucht- und Gemüsepürees Fette gut ersetzen. Aber wussten Sie, dass sie auch Eier prima ersetzen können? Einzige Voraussetzung, damit sie ihre Funktion als Bindemittel erfüllen: Sie müssen Pektin enthalten. Das ist der Fall bei Bananen-, Feigen-, Apfel- und Birnenpüree, aber auch bei einigen Gemüsesorten wie Karotten und Kürbis; etwas Hokkaido-Kürbispüree macht Kuchen innen weich und saftig. Frucht- und Gemüsepürees können ähnlich wie Joghurt und Seidentofu verwendet werden: Rechnen Sie etwa 60 Gramm gekochtes Püree anstelle von 1 Ei. Denken Sie daran, das Püree vorher gut zu mixen, und passen Sie die anderen Zutaten in Ihrem Rezept entsprechend seiner Konsistenz an:

Karotten- oder Birnenpüree etwa ist ziemlich flüssig und macht Ihren Teig eher wässrig; lassen Sie es gut abtropfen, bevor Sie es untermischen. Geben Sie eventuell noch 1 bis 2 Esslöffel Mehl oder Stärke hinzu, außerdem 1 Prise Backpulver, die dafür sorgt, dass Ihr Kuchen nicht zu fest wird. Umgekehrt kann ein Teig auf der Basis von Hokkaido-Kürbispüree etwas zu kompakt geraten: Verlängern Sie ihn entsprechend mit veganer Milch. Auch die Zuckermengen können Sie etwas reduzieren, wenn Sie süße Fruchtpürees (Bananen-, Feigen-, manche Kürbispürees) verwenden.

Für sahnige Rezepte ohne Mehl sind Frucht- und Gemüsepürees nicht geeignet, dafür passen sie gut in Kuchen, die ihr Aroma gut annehmen und dazu schön saftig werden.

Banana bread

Für 4 bis 6 Personen

150 g Weizenmehl Type 550 • 100 g heller Rohrohrzucker • 1 Prise Salz • 1/2 Päckchen Weinsteinbackpulver • 2–3 reife Bananen (etwa 300 g) • 70 ml Mandelmilch • 1/2 TL naturreiner Vanilleextrakt • 80 g weißes Mandelmus • 50 g Maismehl

Den Backofen auf 170 °C (Umluft: 140 °C) vorheizen. Das Weizenmehl mit Zucker, Salz und Backpulver mischen. Die Bananen mit Mandelmilch, Vanilleextrakt und weißem Mandelmus pürieren. In die Mehlmischung gießen und zu einem homogenen Teig verrühren. Das Maismehl dazugeben und erneut verrühren. In eine gefettete, bemehlte Kastenform füllen. Im Backofen 45 Minuten backen und in der Form auskühlen lassen.

… DURCH LEINSAMENPASTE

Veganer haben ein kleines Geheimnis – das der Rest der Welt zumeist nicht kennt –, wie sie in vielen Backwaren Eier ersetzen können: Leinsamenpaste! Leinsamen gehört nämlich zu den schleimbildenden Samen und ist in Verbindung mit Wasser ein sehr wirksames Bindemittel für alle möglichen Zubereitungen: Um in einem Rezept 1 Ei zu ersetzen, brauchen Sie nur 1 Esslöffel Leinsamen fein zu mahlen und mit 2 Esslöffeln Wasser zu einer sämigen Paste zu verrühren, die Sie dann untermischen. Diese Lösung eignet sich besonders für trockenes Gebäck aller Art (Tartes, Mürbeteig, Cookies, Müsliriegel …), passt aber nicht zu flüssigeren Teigen, denn damit lässt sich Leinsamenpaste nicht homogen verbinden.

Ein gesundes Plus: Leinsamen ist besonders reich an den gesunden Omega-3-Fettsäuren und wirkt sich günstig auf die Verdauung aus, sofern Sie ihn geschrotet oder gemahlen zu sich nehmen – sonst können seine Vitalstoffe kaum aufgenommen werden. Bereiten Sie nicht zu viel auf einmal vor: Die Paste hält sich im Kühlschrank 5 Tage.

WEITERE MÖGLICHKEITEN, EIER ZU ERSETZEN

Im Handel finden Sie auch **Ei-Ersatzprodukte**, die in der Regel aus Stärke, Verdickungsmitteln und Emulgatoren bestehen. Sie rühren etwa 10 Gramm Pulver in 40 Milliliter Wasser ein (befolgen Sie die Herstellerangaben genau). Das Ergebnis ähnelt einem verquirlten rohen Ei, nur die Farbe ist anders. Diese Produkte sollen zwar über eine höhere Wirksamkeit verfügen als „natürliche" Ei-Alternativen, aber nicht selten enthalten sie unerwünschte Zutaten wie z. B. Palmöl-Derivate!

Sie können Ihre Zubereitung auch mit **Agar-Agar** stabilisieren: Dieses Geliermittel eignet sich besonders für Cremes, Pudding und Gelees (siehe Seite 214 ff.). Eischnee kann durch **Cashewkerne** ersetzt werden: 4 Stunden einweichen, abspülen, dann mit etwas Wasser oder veganer Milch (die Menge richtet sich nach der gewünschten Konsistenz) und – wenn Sie es schaumig haben möchten – mit Seidentofu pürieren. Schmeckt köstlich in einem veganen Cheesecake oder Tiramisu!

Wofür Sie sich auch entscheiden, experimentieren Sie ruhig mit unterschiedlichen Kombinationen: **Apfelmus und Seidentofu** in einer Mousse au chocolat, **Lupinenmehl und Reiscreme** in einem Kastenkuchen, **Joghurt und Stärke** in einem Clafoutis …

KURZE ZUSAMMENFASSUNG

Ersetzen Sie Eier …

- **in einem Cake oder in Muffins** durch bestimmte Mehle, Stärkemehl, Seidentofu, Frucht- oder Gemüsepürees;
- **in Keksen und trockenem Gebäck** durch Leinsamenpaste;
- **in Dessertcremes** durch Stärkemehle;
- **in einer Mousse** durch Seidentofu;
- **im Crêpe-Teig** durch Mehle und Stärkemehle und verwenden Sie
- **anstelle von Eischnee** Seidentofu, Agar-Agar oder pürierte Cashewkerne.

1

2

Mehrkorn-Aperitifgebäck mit Leinsamenpaste

Für 20 Gebäcktaler

1 EL Leinsamen • 2 EL Wasser • 50 g Vollkornreismehl • 40 g Kichererbsenmehl • 1 TL Salz • 1 EL Sesamsamen (geschält) • 1 EL Mohn • 45 g Sesammus (geschält) • 45 g weißes Mandelmus • 2 EL Olivenöl

1 Leinsamen fein mahlen, mit dem Wasser zu einer Paste verrühren. Beiseitestellen.

2 Sesamsamen rösten. Das Reis- und Kichererbsenmehl mit Salz, dem gerösteten Sesam und dem Mohn vermischen.

3 Sesam- und Mandelmus, das Olivenöl und die Leinsamenpaste dazugeben. Mit den Fingerspitzen zu einem Teig mit krümeliger Konsistenz verarbeiten.

3

4 Den Teig in 2 Portionen aufteilen und Rollen daraus formen. 1 Stunde in den Kühlschrank stellen. Anschließend in 1/2 Zentimeter dicke Scheiben schneiden, diese auf ein mit Backpapier ausgelegtes Backblech setzen. Im Backofen 15 Minuten bei 180 °C (Umluft: 150 °C) backen.

Vor dem Servieren völlig auskühlen lassen. Falls Gebäcktaler übrig sind, in einer Blechdose für den nächsten Aperitif aufbewahren.

Anhang

REZEPTREGISTER

Getränke

GLOSSAR

Clafoutis: süßer Fruchtauflauf, meist mit Kirschen

Fondants au chocolat: französische Spezialität, ein Schokoküchlein mit flüssigem Kern

Kudzu: japanisches Verdickungsmittel, gewonnen aus der Kudzu-Pflanze (einer Hülsenfruchtart; *Pueraria lobat*a). Soll helfen bei Entzugserscheinungen (Alkohol, Nikotin), auch bei Kopfschmerzen; Schwangere, Stillende und Kinder sollten es nicht einnehmen!

Matcha: ist japanisch und bedeutet „gemahlener Tee"; ein zu feinstem Pulver vermahlener Grüntee, der in der japanischen Teezeremonie verwendet wird

Mirin: süßer japanischer Reiswein

Miso: traditionelle japanische Würzpaste aus vergorenen Sojabohnen, je nach Sorte auch unter Zusatz von Gerste oder Reis. Der Reifegrad (Dauer) ist entscheidend fur Intensität und Farbe: je heller, desto milder

Nigari: japanisches Gerinnungsmittel, das zur Herstellung von Tofu eingesetzt wird, aus Meerwasser gewonnen, besteht es hauptsächlich aus Magnesiumchlorid

Okara: japanischer Begriff für Sojapulpe, einen protein- und ballaststoffreichen Rückstand, der bei der Herstellung von Sojamilch anfällt

Panch Phoron: bengalische Gewürzmischung aus (zu gleichen Teilen) ungemahlenem schwarzem Senf, Schwarzkümmel-, Fenchel-, Kreuzkümmel- und Bockshornkleesamen

Pfeilwurzelstärke: pflanzliches Bindemittel aus den Knollen der (tropischen) Maranta-Pflanze, es bindet schon bei 65 °C, einsetzbar also bei nicht kochbaren Saucen; trübt klare Flüssigkeiten nicht ein

Quatre-épices: französische Gewürzmischung aus gemahlenem Pfeffer, gemahlener Muskatnuss, gemahlenen Gewürznelken und Ingwerpulver oder Zimt

Safran: Staubfäden einer bestimmten Krokusart, die als Würzmittel verwendet werden. Die ganzen Safranfäden müssen mindestens 12 Stunden eingeweicht werden, um ihr Aroma zu entfalten. Gemahlener Safran ist günstiger und sofort verwendbar (für 4 Personen 0, 2 bis 0, 3 Gramm).

Sesam: je nach Sorte ist er hellgelb, rot, braun oder schwarz, geschälter Sesam enthält weniger Vitalstoffe, ist milder und hat immer eine helle Farbe

Sesammus (Tahin): gibt es aus geschältem oder aus ungeschältem Sesam

Shoyu: Sojasauce, für die neben Sojabohnen auch Weizen oder Reis vergoren wird

Tamari: Sojasauce, die ausschließlich aus mit Wasser und Salz vergorenen Sojabohnen gewonnen wird; schmeckt intensiver als Shoyu

Ume-Su: japanisches Würzmittel (ähnelt Obstessig), das bei der Milchsäuregärung von unreif eingelegten Ume-Pflaumen entsteht.

Vanillearoma: nur natürliches ist tatsächlich aus Vanille hergestellt

Vanilleextrakt: alkoholischer Auszug aus Vanilleschoten

Vanillepulver: getrocknete, gemahlene Vanilleschoten

Velouté: Gemüsecremesuppe

BEZUGSQUELLEN

Geräte und Utensilien

Entsafter, Dörrautomaten, Dörrfolie und Keimgeräte: *www.keimling.de*

Hochleistungsmixer: *www.keimling.de, www.gruenesmoothies.de,*
Soja- bzw. Pflanzendrinkbereiter: *www. keimling.de, www.powersoja.com* (mit Vergleichsübersicht über die verschiedenen Geräte)

Spiralschneider, Julienneschneider, Gemüsehobel: *www.keimling.de, www.lurch.de*

Tofu-Form oder Tofu-Presse: *www.powersoja.com, www.davartis.de*

Zutaten

Algen, frische: *www.veggiesdelight.de, www.hamppmedia.de*

Aroma, natürliches: *www.provence-onlineshop.com*

Ätherische Öle: *www.bionaturwelt.de, www.primaverlife.com*

Blütenwässer (Hydrolate): *www.provence-onlineshop.com*

Einkorn: *www.gruenertiger.de*

Kastanienflocken: *www.e-biomarkt.de, www.gruenertiger.de*

Kefirferment: *www.pureraw.de, www.kefirshop.eu*

Kefirknollen: *www.kefirknolle.de, www.kombuchshop.de, www.kefirshop.eu, www.wellnessdrinks.de*

Nigari: *www.powersoja.com*

Orgasmic Buddha: *www.orgasmicbuddha.com/boutique*

Saatgut zum Keimen: *www.alnatura.de, www.keimsprossenundsaaten.de, www.sonnentor.com/de, www.topfruits.de*

Starterkultur für milchsauer vergorenes Gemüse: *www.avocadostore.de, www.wellnessdrinks.de*

Veganer Käse: *www.smilefood.de, www.veganversand.at*

LITERATUREMPFEHLUNGEN

Alderson, Erin: *Mehl. Das Koch- und Backbuch.* Hans-Nietsch-Verlag, Emmendingen 2015

Brandes, Cathrin: *Fermentieren ganz einfach selbst gemacht!* Umschau Verlag, Neustadt a. d. W. 2016

Cupillard, Valérie: *Keime und Sprossen. Köstliche Kraftpakete für die Küche*. Hädecke Verlag, Weil der Stadt 2011

Fischer-Rizzi, Susanne: *Das große Buch der Pflanzenwässer. Pflegen, heilen, gesund bleiben mit Hydrolaten*. AT Verlag, München 2014

Fürstler, Angelika: *Sprossen und Mikrogrün. Die ultimativen Superfoods aus dem eigenen Küchengarten.* Hans-Nietsch-Verlag, Freiburg 2016

Galchus, Rita: *Sprossen at home. Wie Sie das ganze Jahr zu Hause Sprossen, Keimpflanzen, Gräser, Mini-Blattgemüse sowie Grünkraut ernten und genießen.* Hans-Nietsch-Verlag, Emmendingen 2011

Payany, Estérelle: *Gesunde Power aus dem Entsafter. Säfte, Suppern, Snacks & Desserts.* Hans-Nietsch-Verlag, Emmendingen 2015

Thompson, Meg: *Superfoods für Life. Fermentierte Getränke.* Hans-Nietsch-Verlag, Emmendingen 2015

Zeh, Katharina: *Handbuch Ätherische Öle.* Joy Verlag, Oy-Mittelberg 2005

Aus dem Französischen von Regine Schmidt
Titel der Originalausgabe: *Cuisine Veggie. Les savoir-faire*,
erschienen bei *Editions La Plage*, Paris

Translation Rights arranged with *Editions La Plage*, Paris

Lektorat: Dr. Ulrike Oberländer, Martina Klose
Korrektorat: Petra Westermann
zusätzliche Fotos: Philippe Barret (Seite 49) und Shutterstock
Einbandgestaltung: Kathrin Steigerwald, Hamburg
Layout: David Cosson, Kurt Liebig
Druck: Dimograf Sp z o.o., Bielsko-Biała/Polen

Hans-Nietsch-Verlag
Schauinslandstr. 136 h
79100 Freiburg

www.nietsch.de
info@nietsch.de

Bronwyn Kan
New Kitchen on the Blog
11 Food-Bloggerinnen stellen eine trendige Naturküche vor
HANS-NIETSCH-VERLAG

Erin Alderson
Easy Veggie
saisonal, frisch, schnell zubereitet!
HANS-NIETSCH-VERLAG